SEIKATSU NIHONGO

生活日本語

저 자 김선기

제이앤씨
Publishing Corporation

머리말

우리 사회와 정치, 경제, 문화, 과학 등 제 분야에서 밀접한 관계를 맺고 있는 일본과의 교류는 21세기 국제화 시대의 조류를 타고 급속도로 확대되고 있다. 최근 들어 무역 시장과 일본 대중 문화 개방의 추세가 가시화되면서 경제, 문화 분야 등을 필두로 하여 일본에 대한 관심이 날로 높아지고 있고, 또한 일본에서도 한류 열풍이 말해주듯 한국 문화에 대한 관심이 고조되고 있다. 따라서 국제적인 안목을 가지고 일본 관련 업무를 수행할 일본어 전문 인력의 수요도 빠르게 증가하고 있다.

이러한 사회적 변화에 부응하듯, 대학의 일본어 및 일본 관련 강좌뿐만 아니라 기업체나 일반 외국어 학원에서도 일본어 학습자의 수가 크게 불어나고 있다. 일본어 수요의 증가와 더불어 수많은 일본어 교재들이 국내에서 출간되었고, 일본에서 만들어진 교재들도 많이 들어오고 있다.

요즘 외국어 교육의 일반적인 추세는, 문법이나 강독 중심의 교육에서 점차 직접적인 커뮤니케이션을 강조하는 쪽으로 바뀌고 있다. 필자가 유학 생활을 하면서뿐만 아니라 그 후 수년간 대학에서 회화 중심의 일본어 강의를 하면서 느낀 것은 교재 개발의 필요성이었다. 일본에서 만들어진 교재들은 입문 수준의 외국인 학습자에게는 다소 어렵고 건너뛰는 내용이 많은 것이 문제였다. 국내에서 나오는 회화 교재들은, 학습자로 하여금 다양한 상황에 따라 반복적으로 언어 학습을 하도록 유도하는 부분이 부족하다.

본 교재는 이런 점들을 감안하면서, 또한 모국어 사용자들이 모국어를 자연스럽게 익히는 과정에 가까운 학습 방법을 고려하면서 제작되었다. 흔히 간과되고 있는 사실이지만, 모국어를 습득하는 것은 가정이나 학교, 사회 생활 등을 통해 상상할 수 없을 만큼 반복적인 언어 학습이 이루어지는 과정 속에서 가능하다. 그리고 일상 생활에서 가장 많이 쓰이는 짧은 문답식 대화를 기반으로 하여, 점차 언어의 운용력을 키워가는 훈련을 통해 자연스럽게 모국어를 익히게 되는 것이다.

본 교재는 이런 점을 중시하여, 특히 짧은 문답식 대화를 가능한 많이 활용하면서 학습 내용 전개의 중요한 기반으로 삼았다. 각 과에서 공부할 기본 문형을 다룬 〈문형〉에서는 물론 문법적 설명을 다룬 〈문형 체크〉에서도, 일상 생활에서 흔히 쓰이는 짧은 문답식 대화들을 통해 자연스럽게 기본 문형과 문법을 숙지하는 동시에 그 문장들을 바로 실생활에 활용할 수 있도록 하였다. 〈회화〉에서는 앞서 학습한 짧은 문답식 대화를 기반으로 하여, 생활 주변에서 자연스럽게 이루어지는 보다 긴 호흡의 대화를 운용하는 능력을 키울 수 있도록 하였다.

　〈문형 연습〉에서는, 먼저 기본 문형을 완벽하게 습득함은 물론 어휘력을 향상시킬 수 있도록 내용을 구성하였다. 이어서 이를 바탕으로 실제 상황에서 직접 말할 수 있는 능력을 키우기 위해 다양한 내용의 회화들을 반복적으로 연습하게 하였다. 〈문제〉에서는 학습한 내용을 확인, 정리함과 동시에, 구체적인 상황 속에서 직접 말을 하게 만드는 훈련이 계속 이어진다.

　짧은 회화에서 출발하여 그 양과 내용을 점진적으로 늘려가면서 반복적으로 이루어지는 언어 학습의 원리는 하나의 과 내에서만 이루어지는 것이 아니라 과와 과 사이에도 적용된다. 그리하여 앞서 배운 학습 내용을 과를 넘길 때마다 잊지 않도록 함으로써, 후반부로 갈수록 풍부하고 종합적인 언어 운용력을 갖출 수 있도록 하였다.

　또한 본 교재에서는 학습 내용을 구체적인 장면 속에서 이해시키고, 회화문의 암기나 재생에 도움을 주기 위해 가급적 그림을 많이 활용하였다.

　모국어의 언어 체계에 길들여진 상태에서 새롭게 외국어를 배운다는 것은 대단한 노력을 요하는 일이다. 문법과 문형을 숙지하고 그것을 활용하여 몇 가지 문제를 풀어보는 것만으로는 효과가 없다. 그것은 외국어 학습에 있어서 출발점에 불과하다. 중요한 것은, 머리로 생각하지 않고도 바로 말이 튀어나올 정도로 반복적인 학습이 이루어져야 한다는 것이다. 또한 회화문을 눈으로만 읽고 지나갈 것이 아니라 실제 상황인 것처럼 소리를 내어 연습하는 것이 중요하다. 이러한 훈련을 성실히 계속하다 보면 자신도 모르는 사이에 일본어 실력이 부쩍 향상되었음을 깨닫게 될 것이다.

　아무쪼록 이 교재가 일본어를 처음 접하는 학습자들에게 효율적인 길잡이 역할을 하게 되기를 간절히 바란다.

2019년 2월

저자

CONTENTS
生活日本語

▮ 日本語 文字와 発音 007
▮ あいさつ　012

01 私は学生です。　014
02 あなたも韓国のアニメーターですか。　022
03 それは私のスマートフォンです。　030
04 あの人は誰ですか。　040
05 ここは山村さんの部屋です。　050
06 教室に誰がいますか。　058
07 これはいくらですか。　068
08 日本語の授業は何時からですか。　080
09 Eメールは葉書より速いですか。　090
10 インターネットは便利ですか。　100
11 この新しいデジタルカメラは軽くて、便利です。110
12 何が好きですか。　122
13 私は友達にEメールを送ります。　134
14 空港へ友達を迎えに行きます。　146
15 どのくらい日本語を勉強しましたか。　156
16 日本語でEメールを書いてください。　168
17 研修はどうでしたか。　180

▮ 解 答　191

SEIKATSU NIHONGO

生活日本語

日本語 文字와 発音

平仮名(ひらがな)

(50音図)

	あ行	か行	さ行	た行	な行	は行	ま行	や行	ら行	わ行	
あ段	あ a	か ka	さ sa	た ta	な na	は ha	ま ma	や ya	ら ra	わ wa	ん n
い段	い i	き ki	し si	ち chi	に ni	ひ hi	み mi		り ri		
う段	う u	く ku	す su	つ tsu	ぬ nu	ふ hu	む mu	ゆ yu	る ru		
え段	え e	け ke	せ se	て te	ね ne	へ he	め me		れ re		
お段	お o	こ ko	そ so	と to	の no	ほ ho	も mo	よ yo	ろ ro	を o	

カタカナ

(50音図)

	ア行	カ行	サ行	タ行	ナ行	ハ行	マ行	ヤ行	ラ行	ワ行	
ア段	ア a	カ ka	サ sa	タ ta	ナ na	ハ ha	マ ma	ヤ ya	ラ ra	ワ wa	ン n
イ段	イ i	キ ki	シ si	チ chi	ニ ni	ヒ hi	ミ mi		リ ri		
ウ段	ウ u	ク ku	ス su	ツ tsu	ヌ nu	フ hu	ム mu	ユ yu	ル ru		
エ段	エ e	ケ ke	セ se	テ te	ネ ne	ヘ he	メ me		レ re		
オ段	オ o	コ ko	ソ so	ト to	ノ no	ホ ho	モ mo	ヨ yo	ロ ro	ヲ o	

1 濁音

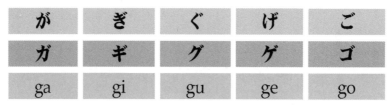

が	ぎ	ぐ	げ	ご
ガ	ギ	グ	ゲ	ゴ
ga	gi	gu	ge	go

例 がか(画家)、かいぎ(会議)、かぐ(家具)、ごご(午後)、げき(劇)…
ガイド(guide)、ギニア(Guinea)、グアム(Guam)、ゲーム(game)、ゴルフ(golf)…

ざ	じ	ず	ぜ	ぞ
ザ	ジ	ズ	ゼ	ゾ
za	ji	zu	ze	zo

例 ざせき(座席)、じこ(事故)、すずしい(涼しい)、かぜ(風)、かぞく(家族)…
タンザニア(Tanzania)、ミュージカル(musical)、ズボン(jupon)、ゼリー(jelly)、オゾン(ozone)…

だ	ぢ	づ	で	ど
ダ	ヂ	ヅ	デ	ド
da	ji	zu	de	do

例 だれ(誰)、はなぢ(鼻血)、ふで(筆)、かど(角)…
ダイヤモンド(diamond)、デザイン(design)、ドラマ(drama)…

ば	び	ぶ	べ	ぼ
バ	ビ	ブ	ベ	ボ
ba	bi	bu	be	bo

例 ふでばこ(筆箱)、くび(首)、ぶた(豚)、かべ(壁)、ぼうし(帽子)…
バス(bus)、ブラジル(Brazil)、ベトナム(Vietnam)、ボリビア(Bolivia)…

2 半濁音

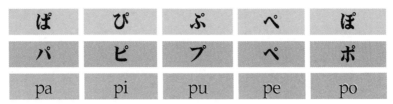

ぱ	ぴ	ぷ	ぺ	ぽ
パ	ピ	プ	ペ	ポ
pa	pi	pu	pe	po

 かんぱい(乾杯)、えんぴつ(鉛筆)、にじさんぷん(二時三分)、さんぽ(散歩)…
パソコン(personal computer)、ピアノ(piano)、プリント(print)、ペイント(paint)、ポルトガル(Portugal)…

3 撥音

ん
ン
n

 かんじ(漢字)、しんぱい(心配)、でんわ(電話)…

4 促音

つ
ッ

 けっか(結果)－kekka、いっさい(一歳)－issai、いっぱい(一杯)－ippai、きって(切手)－kitte…
ハンドブック(handbook)－handobukku、カセット(cassette)－kasetto、カップル(couple)-kappuru…

5 長音

 おかあさん(お母さん)、おじいさん(お祖父さん)、くうき(空気)、おねえさん(お姉さん)、こおり(氷)…
バーゲンセール(bargain sale)、 シートベルト(seat belt)、スープ(soup)、ホームページ(homepage)…

6 拗音

りゃ rya	みゃ mya	ひゃ hya びゃ bya ぴゃ pya	にゃ nya	ちゃ cha ぢゃ zya	しゃ sha じゃ zya	きゃ kya ぎゃ gya
りゅ ryu	みゅ myu	ひゅ hyu びゅ byu ぴゅ pyu	にゅ nyu	ちゅ chu ぢゅ zyu	しゅ shu じゅ zyu	きゅ kyu ぎゅ gyu
りょ ryo	みょ myo	ひょ hyo びょ byo ぴょ pyo	にょ nyo	ちょ cho ぢょ zyo	しょ sho じょ zyo	きょ kyo ぎょ gyo
リャ rya	ミャ mya	ヒャ hya ビャ bya ピャ pya	ニャ nya	チャ cha ヂャ zya	シャ sha ジャ zya	キャ kya ギャ gya
リュ ryu	ミュ myu	ヒュ hyu ビュ byu ピュ pyu	ニュ nyu	チュ chu ヂュ zyu	シュ shu ジュ zhu	キュ kyu ギュ gyu
リョ ryo	ミョ myo	ヒョ hyo ビョ byo ピョ pyo	ニョ nyo	チョ cho ヂョ zyo	ショ sho ジョ zho	キョ kyo ギョ gyo

例 きゃく(客)、きゅうり、きょり(距離)、ぎゃくに(逆に)、にんぎょ(人魚)…

キャンパス(campus)、ギャラリー(gallery)…

しゃかい(社会)、しゅじんこう(主人公)、ばしょ(場所)…

シャツ(shirt)…

かんじゃ(患者)、じゅぎょう(授業)、じょし(女子)…

ジャズ(jazz)…

おちゃ(お茶)、ちゅうい(注意)、ちょくせつ(直接)…

チョコレート(chcolate)…

こんにゃく(蒟蒻)にゅうがく(入学)、にょらい(如来)、ニュース(news)…

ひゃくえん(百円)、ひょうし(表紙)…

さんびゃくえん(三百円)、いちびょう(一秒)…

ろっぴゃく(六百)…

コンピューター(computer)…

みゃくはく(脈拍)、みょうぎ(妙技)…

ミュージシャン(musician)…

りゃくじ(略字)、じょりゅう(女流) みりょく(魅力)…

ボリューム(volume)…

あいさつ

おはようございます。

おはよう。　　　　　　　　　　おはようございます。

こんにちは。　　　　　　　　　こんにちは。

さようなら。　　　　　　　　　さようなら。

こんばんは。　　　　　　　　こんばんは。

おやすみなさい。　　　　　　おやすみなさい。

いただきます。　　　　　　ごちそうさま(でした)。

どうもありがとうございます。　いいえ、どういたしまして。

01

生活日本語

私は学生です。

 文型

金　　　：エリさんはがくせいですか。

エリ　　：はい、わたしは学生^{がくせい}です。

田中^{たなか}　：あなたは韓国人^{かんこくじん}ですか。

金　　　：はい、(わたしは)かんこくじんです。

ワン　　：あなたもがくせいですか。

ジョン　：はい、学生です。

青木^{あおき}　：木村^{きむら}さんと田中^{たなか}さんは会社員^{かいしゃいん}ですか。

木村^{きむら}　：はい、私と田中さんは会社員です。

　　　　　青木さんもかいしゃいんですか。

青木^{あおき}　：はい、私も会社員です。

警察官^{けいさつかん}

医者^{いしゃ}

韓国人^{かんこくじん}

日本人^{にほんじん}

スチュワーデス

アメリカ人^{じん}

フランス人^{じん}

歌舞伎俳優^{かぶきはいゆう}

文型チェック

▶ **〜は〜です(か)** : 〜는(은) 〜입니다(까)

여기서 は가 助詞로 쓰일 때에는 ha(×)→ wa로 발음한다.

バラ は 花です。 bara <u>wa</u> hanaです。

名詞 助詞 名詞

白菜 は 野菜ですか。 hakusai <u>wa</u> yasaiですか。

▶ **も(助詞)** : 〜도, 체언에 접속.

A 私は学生です。

あなた**も**がくせいですか。

B はい、私**も**学生です。

▶ **と(助詞)** : 〜와(과), 체언에 접속.

キムさん**と**田中さんは先生です。

本**と**ノート、 鉛筆**と**万年筆

私**と**皆さん

A キム先生**と**皆さんは韓国人ですか。

B はい、かんこくじんです。

C 私も韓国人です。

会話

中山　　：はじめまして。
　　　　　私は中山です。どうぞよろしく。

金　　　：はじめまして。わたしはキムです。どうぞよろしく。

中山　　：キムさんは学生ですか。

金　　　：はい、(私は)がくせいです。
　　　　　中山さんも学生ですか。

中山　　：はい、(そうです。)
　　　　　私も学生です。

中山　　金

16

❶ わたしは<u>キム</u>です。
　　　　<ruby>田中<rt>たなか</rt></ruby>
　　　　<ruby>山本<rt>やまもと</rt></ruby>

❷ Ａ <u><ruby>山村<rt>やまむら</rt></ruby></u>さんですか。　　　　　　山村：はい、<u>山村</u>です。

　　Ａ <u>エリ</u>さん　　　　　　　　　　エリ：　　　<u>エリ</u>

　　Ａ <u>キム</u>さん　　　　　　　　　　　金：　　　<u>キム</u>

❸ 私は<u><ruby>韓国人<rt>かんこくじん</rt></ruby></u>です。　　　　　　あなたも<u>かんこくじん</u>ですか。
　　　　<ruby>日本人<rt>にほんじん</rt></ruby>　　　　　　　　　　　　にほんじん
　　　<ruby>フランス人<rt>じん</rt></ruby>　　　　　　　　　　　　フランスじん

❹ <u><ruby>田中<rt>たなか</rt></ruby></u>さんと<ruby>私<rt>わたし</rt></ruby>は<u><ruby>学生<rt>がくせい</rt></ruby></u>です。　　<u><ruby>田中<rt>たなか</rt></ruby></u>さんと<ruby>皆<rt>みな</rt></ruby>さんは<u><ruby>日本人<rt>にほんじん</rt></ruby></u>です。
　　<u>マリ</u>さん　　　　<u>パティシエ</u>　　　　<u>マリ</u>さん　　　　<u><ruby>アメリカ人<rt>じん</rt></ruby></u>
　　<u>ジョン</u>さん　　　<u><ruby>医者<rt>いしゃ</rt></ruby></u>　　　　<u>ジョン</u>さん　　　<u><ruby>ドイツ人<rt>じん</rt></ruby></u>

❺ Ａ あなたは<u><ruby>銀行員<rt>ぎんこういん</rt></ruby></u>ですか。　　Ｂ はい、わたしは<u>ぎんこういん</u>です。
　　　　　<ruby>会社員<rt>かいしゃいん</rt></ruby>　　　　　　　　　　　　　　かいしゃいん
　　　　　<ruby>漫画家<rt>まんがか</rt></ruby>　　　　　　　　　　　　　　　まんがか
　　　　　<ruby>警察官<rt>けいさつかん</rt></ruby>　　　　　　　　　　　　　　けいさつかん
　　　　　<ruby>弁護士<rt>べんごし</rt></ruby>　　　　　　　　　　　　　　　べんごし
　　　　　ファッションモデル　　　　　　　　　ファッションモデル
　　　　　デザイナー　　　　　　　　　　　　　デザイナー

❻ Ａ あなたも<u><ruby>日本人<rt>にほんじん</rt></ruby></u>ですか。　　Ｂ はい、<u>にほんじん</u>です。
　<ruby>松岡<rt>まつおか</rt></ruby>：メリさんも<u><ruby>学生<rt>がくせい</rt></ruby></u>ですか。　　トム：はい、メリさんも<u>がくせい</u>です。
　<ruby>田中<rt>たなか</rt></ruby>：マリさんも<u><ruby>絵本作家<rt>えほんさっか</rt></ruby></u>ですか。　マリ：はい、（わたしも）<u><ruby>絵本作家<rt>えほんさっか</rt></ruby></u>です。

❼ <ruby>松岡<rt>まつおか</rt></ruby>：<u>田中</u>さんは<u><ruby>大学生<rt>だいがくせい</rt></ruby></u>です。<u>エリ</u>さんも<u>大学生</u>ですか。
　<ruby>中山<rt>なかやま</rt></ruby>：はい、そうです。

　　　　　　<u>田中</u>さんと<u>エリ</u>さんは大学生です。

<ruby>例<rt>れい</rt></ruby>：田中さん・大学生・エリさん

① アマニさん・先生・竹田さん
② トムさん・外交官・北川さん
③ 石川さん・イラストレーター・李さん

❽ A 中山さんは先生ですか、研究員ですか。
B 研究員です。

> 例：中山・先生・**研究員**

① 山田・**研修生**・社員
② アマニさん・**タンザニア人**・ブラジル人
③ マリさん・弁護士・**検事**
④ 李さん・**ピアニスト**・チェリスト
⑤ トムさん・演劇俳優・**映画俳優**

❾ A すいかは果物ですか、野菜ですか。
B くだものです。

> 例：すいか・**果物**・野菜

① きゅうり・**野菜**・果物
② 山羊・**動物**・植物
③ ダイヤモンド・**鉱物**・植物
④ サメ・**魚類**・鳥類

❿ 島田：はじめまして。
　　　私は島田です。どうぞよろしく。
エリ：はじめまして。私はエリです。どうぞよろしく。
島田：エリさんは 研究員ですか。
エリ：はい、わたしは研究員です。
　　　島田さんも研究員ですか。
島田：はい、そうです。

⓫ 金　：初めまして。私はキムと申します。
　　　どうぞよろしくお願いします。
田中：初めまして。私は田中です。
　　　こちらこそ どうぞ よろしく おねがいします。

❷ 田中：キムさん、<u>おはようございます</u>。

金　：あ、田中さん、<u>おはようございます</u>。

例：おはようございます。

① こんにちは。
② こんばんは。

1. 例のように( )の中に適当な言葉を書きなさい。

> 例
> **A** あなたは(かんこくじん)ですか。
> **B** はい、わたしは韓国人です。

① A：あなたは (   )ですか。

　 B：はい、わたしは学生です。

② A：あなたはたなかさんですか。

　 B：はい、わたしは (   )です。

③ エリ：マリアさんはアメリカ人ですか。

　 田中：はい、マリアさんは(   )です。

④ 松田：エリさんも(   )ですか。

　 マリ：はい、エリさんも会社員です。

⑤ 松岡：ラペンさんはフランス人ですか。

　 田中：はい、ラペンさんは(   )です。

2. 例のように文を作りなさい。

>
> 金さん(韓国人)　(先生)
> 　→ キムさんはかんこくじんです。
> 　→ キムさんはせんせいです。

① わたし　(ジョン)　(研修生)

② 山田さん　(日本人)　(外交官)

③ アマニさん(タンザニア人)　(会社員)

④ ハリソンさん(イギリス人)　(俳優)

3. ( )の中にひらがなを一つ書きなさい。

>
> **A** あなたは学生です(か)。
> **B** はい、わたし(は)学生です。

① 山村さん(   )エリさんは医者です。

② 今田：金さんは先生です(　　)。

マリア：はい、キムさんはせんせい(　　)(　　)。

③ 木村：山村さんは銀行員です(　　)。

山村：はい、わたし(　　)ぎんこういんです。

④ 今村：李さんも研修生です(　　)。

金　：はい、李さん(　　)けんしゅうせいです。

⑤ トム：ローラさん(　　)わたしは大学生です。

あなたも大学生ですか。

メリ：はい、そうです。

⑥ キム：麻里子さんはピアニストです(　　)、チェリストですか。

明子：麻里子さんはチェリストです。

4. 例のように練習しなさい。

> 例
> (山田) (キム)
> 山田：初めまして。 わたしは やまだです。
> 　　　どうぞよろしく。
> キム：はじめまして。わたしはキムです。
> 　　　どうぞよろしく。

① (ムン) (田中)

② (松岡) (エリ)

③ (トム) (島村)

02

あなたも韓国のアニメーターですか。

島村 ： キムさんは韓国の学生ですか。

金 ： はい、私は韓国の学生です。

島村 ： あなたも韓国の学生ですか。

セツ ： いいえ、私は韓国の学生では(じゃ)ありません。
中国のアニメーターです。

西山 ： わたしは日本のがくせいです。
専攻はコンピューターです。

ワン ： あ、そうですか。私の専攻もコンピューターです。

エリ ： 松村さんはアジア産業の研修生ですか。

キム ： はい、そうです。

エリ ： 山田さんもアジア産業の研修生ですか。

キム ： いいえ、山田さんは
スタジオジブリの
アニメーター
です。

木村 ： 中田さんとエリさ
んはKMSの社員で
すか。

中田 ： いいえ、KMSの社
員じゃありません。
私とエリさんはNK
の社員です。

<ruby>文<rt>ぶん</rt>型<rt>けい</rt></ruby>チェック

▶ **～は～です**의 부정형 : **～は～では(じゃ)ありません**
(～은, 는 ～이, 가 아닙니다)

여기서도 ～では는 deha가 아니라 <u>dewa</u>로 발음한다.

* <ruby>箱<rt>はこ</rt></ruby><u>です</u>。 → <ruby>否定形<rt></rt></ruby> : <ruby>箱<rt>はこ</rt></ruby><u>ではありません</u>。(hako dewaありません)
  <ruby>私<rt>わたし</rt></ruby>は<ruby>学生<rt>がくせい</rt></ruby>です。→わたしは<ruby>学生<rt>がくせい</rt></ruby>ではありません。

  A <ruby>白菜<rt>はくさい</rt></ruby>は<ruby>菓物<rt>くだもの</rt></ruby>ですか。

  B いいえ、<ruby>白菜<rt>はくさい</rt></ruby>は<ruby>菓物<rt>くだもの</rt></ruby>ではありません。<ruby>白菜<rt>はくさい</rt></ruby>は<ruby>野菜<rt>やさい</rt></ruby>です。

! 자칫 ～がありません으로 하면 (～가, 이 없습니다)의 존재 유무가 된다.

ノートがありません。   ノートではありません。

本がありません。   本ではありません。

▶ **の**(助詞): 앞뒤 名詞를 の로 연결함으로써 상호 다양한 의미를 나타낸다.

여기서는 소유 : <ruby>私<rt>わたし</rt></ruby>の<ruby>本<rt>ほん</rt></ruby>…,

　　　　국적 : <ruby>韓国<rt>かんこく</rt></ruby>の<ruby>学生<rt>がくせい</rt></ruby> …

　　　　소속 : KS<ruby>会社<rt>かいしゃ</rt></ruby>の<ruby>社員<rt>しゃいん</rt></ruby>、A<ruby>大学<rt>だいがく</rt></ruby>の<ruby>学生<rt>がくせい</rt></ruby>…

* <ruby>日本語<rt>にほんご</rt></ruby><ruby>本<rt>ほん</rt></ruby>(×) → <ruby>日本語<rt>にほんご</rt></ruby>の<ruby>本<rt>ほん</rt></ruby>、<ruby>歴史<rt>れきし</rt></ruby>本(×)→ <ruby>歴史<rt>れきし</rt></ruby>の<ruby>本<rt>ほん</rt></ruby>、

  <ruby>英語<rt>えいご</rt></ruby>先生(×) → <ruby>英語<rt>えいご</rt></ruby>の<ruby>先生<rt></rt></ruby>、<ruby>韓国語<rt>かんこくご</rt></ruby>CD(×)→ <ruby>韓国語<rt>かんこくご</rt></ruby>のCD

松田 ：皆さん、おはようございます。

わたしは松田です。

どうぞよろしく。

マリ ：初めまして。私はフランスのマリです。

国際通信の研修生です。

専攻はコンピューターです。

どうぞよろしく。

タオ ：はじめまして。わたしはタイのタオです。

アジア産業の研修生です。

どうぞよろしく。

松田 ：タオさんの専攻はコンピューターですか。

タオ ：いいえ、コンピューターじゃありません。

私の専攻はデザインです。

　　　　…

　　　　…

❶ わたしは<u>日本人</u>です。　　　　　→　<u>私は日本人</u>では(じゃ)ありません。
　　　　　学生
今村さん　会社員
ワンさん　中国人

❷ わたしは<u>KSセンターの研究生</u>です。　→　わたしは<u>KSセンターの研究生</u>ではありません。
　　　　韓国の学生
　　　　日本の留学生
　　　　アジア電気の社員

❸ 木村　：ムンさんは中国の留学生ですか。(韓国)
　　文　　：いいえ、私は中国の留学生ではありません。
　　　　　　韓国の留学生です。

　　A あなたはアメリカのりゅうがくせいですか。
　　B はい、アメリカの留学生です。
　　　　いいえ、アメリカのりゅうがくせいじゃありません。
　　　　イギリスの留学生です。

❹ 野村　　：山本さんも先生ですか。
　　今村　　：いいえ、山本さんは先生じゃありません。
　　　　　　　(山本さんは) 会社員です。
　　マリア：エリさんはデザイナーですか。
　　田中　　：はい、デザイナーです。
　　マリア：イさんもデザイナーですか。
　　イ　　　：いいえ、わたしはデザイナーじゃありません。アニメーターです。

❺ 私の専攻はコンピューターです。
　　　　　　　法律
　　　　　　　文学
　　　　　　経済学
　　　　　産業デザイン

❻ マナ：李さんと金さんは韓国人ですか。

李 ：はい、(そうです。)わたしと金さんは韓国人です。

Ａ 田中先生は国語の先生ですか。

Ｂ はい、そうです。木村先生も国語の先生ですよ。

Ｃ あ、そうですか。田中先生と木村先生は国語の先生ですね。

❼ Ａ あなたはKM産業の社員ですか。

Ｂ はい、私はKM産業の社員です。

野村：エリさんもソウル教育センターの研究生ですか。

木村：いいえ、エリさんはソウル教育センターのけんきゅうせいじゃありません。

アジア教育センターの研究生です。

野村：あ、そうですか。

❽ イ ：私とエリさんは大学生です。

木村さんも大学生ですか。

木村：いいえ、私は大学生じゃありません。公務員です。

1. 例のように答えなさい。

> **例**
>
> **A** あなたは日本の学生ですか。 （いいえ）（韓国の学生）
> → **B** いいえ、わたしはにほんのがくせいではありません。
> 　　　かんこくのがくせいです。

① A 　　：あなたは韓国の学生ですか。 （いいえ）（日本の学生）

　 B 　　：

② 山村 　：木村さんは銀行員ですか。 （いいえ）（警察官）

　 木村 　：

③ メリ 　：エリさんは国語の先生ですか。 （いいえ）（歴史の先生）

　 ジョン：

④ 田村 　：マリさんはイギリス人ですか。 （いいえ）（フランス人）

　 アラン：

2. 例のように答えを書きなさい。

> **例**
>
> **A** 山本さんも公務員ですか。 （会社員）
> → 松岡: いいえ、山本さんはこうむいんじゃありません。かいしゃいんです。
> → 山本: いいえ、わたしはこうむいんじゃありません。かいしゃいんです。

① 黒田：友子さんもデザイナーですか。 （画家）

　 萌子：

② A 　：セリさんもKMの社員ですか。(MKの社員)

　 セリ：

③ A 　：青木さんは会社員ですか。 （公務員）

　 金田：

④ A 　：田中さんは大学院生ですか。（ 大学生）

　 田中：

3. 例のように答えなさい。

例	A	田中さんはあなたの友達ですか。(はい)(いいえ)
	B	はい、田中さんはわたしのともだちです。
		いいえ、田中さんはわたしのともだちではありません。

① A：麻理子さんはあなたの友達ですか。(はい)

　　B：

② A：あなたもKMSの社員ですか。　(いいえ)

　　B：

③ A：あなたはタイの学生ですか。(はい)

　　B：

④ A：あなたも中国の学生ですか。(いいえ)

　　B：

⑤ A：あなたは日本人ですか。(いいえ)

　　B：

4. (　)の中に適当なひらがなを一つ書きなさい。

(1) セツ　：わたしは中国(①)留学生です。

　　　　　　メリさん(②)トムさん(③)専門は文学ですか。

　　メリ　：はい、私(④)トムさん(⑤)専門は文学です。

(2) 金　　：木村さんは国語(①)先生です。

　　　　　　田中さん(②)国語(③)先生ですか。

　　田中　：はい、そうです。

(3) 金　　：マイケルさんも国際産業(①)社員ですか。

　　ジョン：いいえ、マイケルさん(②)国際産業(③)社員じゃありません。

　　　　　　アジア産業(④)社員です。

それは私のスマートフォンです。

文型

A : これはノートですか。

B : いいえ、ノートではありません。本です。

A : これは誰の本ですか。

B : それは私の本です。

A   B

A : あれは何ですか。

B : あれはノートです。

A : あのノートはだれのですか。

B : あれは山本さんのです。

山田 : どれがキムさんの辞書ですか。

キム : これです。

山田 : この鉛筆は田中さんのですか。

キム : いいえ、田中さんのじゃありません。
エリさんのえんぴつです。

A : それはテレホンカードですか。

B : いいえ、これはテレホンカードじゃありません。
コピーカードとスマートフォンです。

A : そのスマートフォンはだれのですか。

B : マリさんのです。

▶ 事物、場所、方向을 가리키는 指示代名詞

	事物	場所	方向	名詞修飾(連体詞)
近称	これ	ここ	こちら	この(이)
中称	それ	そこ	そちら	その(그)
遠称	あれ	あそこ	あちら	あの(저)
不定称	どれ	どこ	どちら	どの(어느)

エリ ： **これ**は私のかばんです。

　　　　それは田中さんのかばんですか。

田中 ： はい、これは私のです。

エリ ： **あれ**は誰のかばんですか。

田中 ： あれ(あのかばん)は木村さんのです。

A これは何ですか。　　A あなたの辞書は**どれ**ですか。　　A それは何ですか。

B (これは)スキャナーです。　　B これです。　　B これは本です。

　　　　　　　　　　　　　　　　　　　　　　　　A 誰の本ですか

　　　　　　　　　　　　　　　　　　　　　　　　B 私のです。

여기서의 조사 **の**는 「～의 것」이란 意味이며, の뒤의 名詞가 생략된 형태로 名詞를 대신한다.

　　誰 : 누구

　　何(なん、なに) : 무엇

何뒤에 「だ、で、と、の」 등이 올 때에는 「nan」으로 「が、を、も」 등이 올 때에는 [nani]로 발음한다.

山田 ：キムさん、それは何ですか。

キム ：これは万年筆です。

　　　　その辞書はだれのですか。

山田 ：この辞書は私のです。(これは私のです)

キム ：そうですか。その英語の雑誌も山田さんのですか。

山田 ：いいえ、これは私のじゃありません。

　　　　松田さんのです。

キム ：あれは何ですか。

山田 ：傘です。

キム ：えっ、あれがかさですか。

　　　　あの傘はだれのですか。

山田 ：松本さんのです。

山田　　　　　　　キム

傘

❶ これは 新聞 です。
　　　　時計
　　　　紙
　　　　鍵

❷ これは雑誌ではありません。　新聞です。
　　　ノート　　　　　　　　本
　　　ブレスレット　　　　　時計
　　　万年筆　　　　　　　　鉛筆
　　　コピーカード　　　　　名刺

❸ それはコンピューターの本です。
　　　自動車
　　　日本語
　　　何　　　　　…　　　　か。

❹ それは名刺ですか、テレホンカードですか。
　　　鉛筆　　　　　ボールペン
　　　ノート　　　　手帳
　　　パンフレット　アルバム

❺ あれは山村さんのスマートフォンです。
　　　わたし
　　　メリさん
　　　だれ　　　…　　か。

❻ Ａ　このノートはメリさんのですか。
　　Ｂ　はい、メリさんのです。
　　　　いいえ、メリさんのじゃありません。

例：ノート・メリさん・はい・いいえ

　① つくえ・田中さん・いいえ
　② 自動車の雑誌・トムさん・はい
　③ カメラ・李さん・いいえ
　④ テレホンカード・金さん・はい

❼ これもわたしのです。

　　　木村さん

　　　田中さん

　　　キムさん

❽ この電子辞書は田中さんのです。

　　　ノート　　わたし

　　　机　　　　エリさん

　　　靴　　　　だれ　…　か。

❾ **A** それはラジオですか。

　　B はい、これはラジオです。

　　　いいえ、これはラジオでは(じゃ)ありません。**CDプレーヤー**です。

　　例：ラジオ・CDプレーヤー

　　① コピーカード・**キャッシュカード**

　　② 自動車の雑誌・**カメラの雑誌**

　　③ 田中さんの車・**アリさんの車**

　　④ 日本語のシーディー・**イタリア語のシーディー**

❿ **A** それは鉛筆ですか。

　　B はい、そうです。

　　C いいえ、これは万年筆です。

　　例：鉛筆・万年筆

　　① 消しゴム・鉛筆

　　② ふろしき・スカーフ

　　③ かさ・桜

　　④ アルバム・雑誌

⓫ **A** これはアルバムです。

　　　それもアルバムですか。

　　B はい、アルバムです。

　　　いいえ、これはアルバムじゃありません。

　　　パンフレットです。

例：アルバム・**パンフレット**

① ノート・手帳
② フランスの切手・アメリカの切手
③ 自転車のかぎ・かばんのかぎ
④ 日本語の本・中国語の本

⑫ A それは何ですか。

B テレホンカードです。

A あれもテレホンカードですか。

B いいえ、あれはテレホンカードじゃありません。
キャッシュカードです。

⑬ 松本：このノートは山村さんのですか、田中さんのですか。(田中)

エリ：田中さんのです。

松本：あのコンピューターはキムさんのですか、ムンさんのですか。(ムン)

エリ：ムンさんのです。

松本：その時計は韓国製ですか、日本製ですか。

エリ：これは日本製です。

松本：それはフランス製の万年筆ですか。

エリ：はい、そうです。

松本：それは何の雑誌ですか。

エリ：コンピューターの雑誌です。

松本：あのかばんはエリさんのですか。

エリ：いいえ、あれは木村さんのです。

エリ

松本

⑭ A それは何ですか。

B ①CD(シーディー)です。

A 何の①CDですか。

B ②日本語のCDです。

(1) ① 雑誌　　　　　　② スポーツの雑誌
(2) ① カード　　　　　② テレホンカード
(3) ① 本　　　　　　　② フランス語の本

⓯ Ａ これは①英語のテープですか。

Ｂ いいえ、それは①英語のテープじゃありません。
②フランス語のテープです。

Ａ ①英語のテープはどれですか。

Ｂ これです。どうぞ。

Ａ どうもありがとうございます。

例：① 英語のテープ	② フランス語のテープ

(1) ① 中国の切手　　　　　② タイの切手
(2) ① 自転車のカギ　　　　② オートバイのカギ
(3) ① 日本の歌のレコード　② 韓国の歌のレコード
(4) ① 英語の新聞　　　　　② イタリア語の新聞

⓰ Ａ すみません。それは①ペンですか、②万年筆ですか。

Ｂ これですか。これは①ペンです。

Ａ あ、そうですか。どうも…。

例：① ペン	② 万年筆

(1) ① ビール　　　　② ジュース
(2) ① 道路地図　　　② 画集
(3) ① ロシアの新聞　② ドイツの雑誌
(4) ① 中国のお金　　② 韓国のお金
(5) ① ワイン　　　　② シャンパン

1. 例のように質問に答えなさい。

> 例
> A それは日本語のテープですか。
> → B はい、にほんごのテープです。
> いいえ、にほんごのテープではありません。(英語のテープ)
> えいごのテープです。

① A ：それは万年筆ですか。(ボールペン)

　 B ：いいえ、

② 山田 ：それは田中さんのパソコンですか。(トムさん)

　 田中 ：いいえ、

③ A ：これはテレホンカードですか。(コピーカード)

　 B ：いいえ、

④ A ：あれはテープレコーダーですか。

　 B ：はい、

⑤ A ：あれも田中先生の傘ですか。(金先生)

　 B ：いいえ、

2. 例のように<　　>の中から適当な言葉を選んで書きなさい。

> 例
> A それは(なん)の雑誌ですか。
> → B これはコンピューターの雑誌です。
> 　< 何、だれ、どれ、あれ、それ、どの >

① A ：これは(　　)のかばんですか。

　 B ：それは田中さんのかばんです。

② A ：金さんの靴は(　　　)ですか。

　 B ：これです。

③ A ：あの傘は田中さんのですか。

　 B ：いいえ、(　　)は田中さんのじゃありません。

④ A ：あの建物は(　　)ですか。

　 B ：あれは63ビルです。

⑤ A　：あなたの車は(　　　)ですか。

　　B　：この車です。

3. 例のように答えなさい。

> 例　　Ａ あの人も日本人ですか。(中国人)
> → Ｂ いいえ、あの人はにほんじんじゃありません。(中国人)
> 　　 ちゅうごくじんです。

① A　：あの人は銀行員ですか。(警察官)

　　B　：いいえ、

② A　：あの靴も田中さんのですか。(松田さん)

　　B　：いいえ、

4. 例のように(　　　)の中に適当な言葉を書きなさい。

> 例　　Ａ これは(にほんのきって)ですか。
> → Ｂ はい、そうです。日本の切手です。

① A　：それは(　　　　　　)ですか。

　　B　：いいえ、日本語の雑誌ではありません。　フランス語の雑誌です。

② A　：これは日本の歌のレコードですか、(　　　　　　)ですか。

　　B　：韓国の歌のレコードです。

③ A　：あのカメラは(　　　　　)のですか。

　　B　：いいえ、先生のじゃありません。学生のです。

④ A　：このスキャナーも(　　　　　)のですか。

　　B　：いいえ、それは田中さんのじゃありません。

⑤ A　：この鉛筆はあなたのですか。

　　B　：はい、そうです。(　　　)のです。

あの人は誰ですか。

A ：あの方はどなたですか。

B ：キム先生です。日本語の先生です。

事務員：どなたですか。
山田　：KS産業の山田です。

田中　：あの方が今村さんのお母さんですか。
今村　：はい、そうです。

エリ　：これはお母さんのスカーフですか。

李　　：いいえ、それは母のじゃありません。
　　　　姉のスカーフです。

エリ　：ここはお兄さんのアトリエですか。

キム　：いいえ、兄のアトリエじゃありません。
　　　　父のアトリエです。

木村　：あそこは山田さんのお父さんの事務室ですか。

山田　：はい、父の事務室です。

田村　：それは誰のパスポートですか。

田中　：これは兄のです。

田村　：それも田中さんのお兄さんのファイルですか。

田中　：いいえ、これは山田さんのお姉さんのファイルです。

ど(?)　　　あ
　　　　　　そ
　　　　　　こ
　　　　　　＊話者

A このかばんは私のです。

　　　そのかばんはあなたのですか。

B はい、私のです。

A あの傘はだれのですか

B どのかさですか。

A このスキャナーはだれのですか。

B これは田中さんのです。

＊ ひと사람ー方(かた):분
　　どの人　　　どの方
　　だれ　　　　どなた

42

〈家族 呼称〉

自称

(私の) 祖父 祖母 父 母 姉 兄 妹 弟

他称

田中さんの お祖父さん お祖母さん お父さん お母さん お兄さん お姉さん 弟さん

おじいさん　(祖父)　　おばあさん　(祖母)

お父さん　(父)　　お母さん　(母)

お兄さん　(兄)　　お姉さん　(姉)　　私　　妹さん　(妹)　　弟さん　(弟)

田中 ：松本さん、その鍵はかばんの鍵ですか。

松本 ：いいえ、これはかばんのかぎじゃありません。自転車のかぎです。

田中 ：あ、そうですか。その辞書も松本さんのですか。

松本 ：はい、私のです。

　　　　そのアルバムは田中さんのですか。

田中 ：いいえ、このアルバムは私のじゃありません。兄のです。

松本 ：あ、そうですか。田中さんのお兄さんのアルバムですね。

　　　　あのかばんは誰のですか。

田中 ：あれは今村先生のです。

松本 ：あ、あの人は誰ですか。

田中 ：あの方が今村先生ですよ。

田中 ：これは何ですか。

川口 ：私の家族の写真です。

田中 ：あ、そうですか。この方はお母さんですか。

川口 ：はい、母です。

田中 ：この方はお兄さんですか。

川口 ：いいえ、兄じゃありません。
　　　　弟です。

田中 ：えっ、そうですか。
　　　　この人は妹さんですか。

川口 ：いいえ、姉です。

田中 ：あ、そうですか…。

❶ 🄰 この鉛筆は誰のですか。
🄱 それは山田さんのです。
🄰 この車はお父さんのですか。
🄱 はい、父の車です。
🄰 それはお母さんのスカーフですか。
🄱 いいえ、母のじゃありません。姉のです。
木村 ： それは田中さんの万年筆ですか。
今田 ： いいえ、これは田中さんのじゃありません。松本さんのです。

❷ 🄰 あの方はお父さんですか。　　B: はい、父です。
　　　　　お母さん　　　　　　　　　　母
　　　　　お兄さん　　　　　　　　　　兄
　　　　　お姉さん　　　　　　　　　　姉

❸ 🄰 田中さんのお父さんは警察官ですか。　　田中: はい、父は … です。
　　　　　お姉さん　　スチュワーデス　　　　　　姉
　　　　　お兄さん　　KMの社員　　　　　　　　兄
　　　　　弟さん　　　大学生　　　　　　　　　　弟
　　　　　妹さん　　　アニメーター　　　　　　　妹

❹ 🄰 あなたは外国の方ですか。
🄱 はい、そうです。

🄰 どこの国の方ですか。
🄱 韓国の留学生です。
　　アメリカ
　　オーストラリア
　　中国

❺ 🄰 あの方はどなたですか。
🄱 あ、あの人は兄です。
🄰 そうですか。あのかたもお兄さんですか。
🄱 いいえ、兄じゃありません。あの方は田中先生です。

❻ 松岡：山田さんのお兄さんは警察官ですか。

山田：はい、兄はけいさつかんです。

松岡：私の姉は大学生です。今村さんのお姉さんも大学生ですか。

山田：いいえ、今村さんのお姉さんは大学生じゃありません。
　　　　小学校の先生です。

❼ Ａ　お兄さんは会社員ですか。

Ｂ　はい、兄は会社員です。　KSの社員です。

Ａ　お姉さんも会社員ですか。

Ｂ　いいえ、姉は会社員じゃありません。警察官です。

①　お父さん・父・お母さん・母・医者

②　お姉さん・姉・お兄さん・兄・弁護士

③　弟さん・弟・妹さん・妹・高校生

❽ Ａ　あの男の人はだれですか。

Ｂ　あの人はスミスさんです。スミスさんはイギリス人です。

Ａ　あのかたはどなたですか。

Ｂ　あの女の方は今村先生です。日本語の先生です。

例：スミスさん・スミス・イギリス人・今村先生・日本語

①　タオさん・タオ・タイ人・ケリ先生・英語

②　アリさん・アリ・インドネシア人・アラン先生・フランス語

③　北村さん・北村・日本人・金先生・韓国語

❾ 今村：皆さん、この方は①玉井先生です。

①　玉井：玉井です。どうぞよろしく。

②　タイのセツさんはどの人ですか。

③セツ(学生)：はい、私です。

例：①　玉井　　②　タイのセツさん　　③　セツ

(1)　①　トマス　　　　②　韓国の李さん　　　③　李

(2)　①　メリ　　　　　②　中国のワンさん　　③　ワン

(3)　①　金　　　　　　②　アメリカのマリアさん　③　マリア

❿ 木村：中村さんのお父さんのコートはどれですか。
中村：父のコートはこれです。

> 例：お父さんのコート・父のコート

① お母さんのマフラー・母のマフラー
② お兄さんの携帯電話・兄の携帯電話
③ お姉さんのパソコン・姉のパソコン

⓫ 松本：それは①お父さんのパスポートですか、
②お兄さんのパスポートですか。
田中：これは③兄のパスポートです。

> 例：① お父さんのパスポート　② お兄さんパスポート　③ 兄のパスポート

(1) ① お兄さんのパソコン　② お姉さんのパソコン　③ 姉のパソコン
(2) ① 田中さんの眼鏡　② お母さんのめがね　③ 母の眼鏡
(3) ① 妹さんのCDプレーヤー　② 弟さんのCDプレーヤー　③ 妹のCDプレーヤー

田中

松本

1. 例のように(　　)に適当な言葉を書きなさい。

> 例
> A あなたのお兄さんは警察官ですか。
> → B いいえ、(あに)は警察官ではありません。

① 中村　：私の(　　　　)は会社員です。

　　　　　田中さんのお姉さんも会社員ですか。

　　田中　：はい、そうです。

② 松田　：あれはお母さんの車ですか。

　　金　　：はい、あれは(　　　　)の車です。

③ エリ　：それもお父さんのハンカチですか。

　　メリ　：いいえ、これは(　　　　　)のハンカチじゃありません。

④ 松本　：兄は医者です。田中さんのお兄さんも医者ですか。

　　李　　：いいえ、田中さんの(　　　　　)は医者ではありません。銀行員です。

2. 例のように(　　)の中に適当な言葉を書きなさい。

> 例
> A お父さんの携帯電話は(どれ)ですか
> → B (ちち)の携帯電話はこれです。

① A　：あの方は(　　　)ですか。

　　B　：あのかたは田中先生です。

② A　：あの人はあなたの妹さんですか。

　　B　：はい、私の(　　　)です。

③ 山田　：お母さんのスカーフはこれですか。

　　木村　：いいえ、それじゃありません。(　　　)のスカーフはあれです。

④ 山田　：あの方は木村さんの弟さんですか、田村さんの弟さんですか。

　　木村　：私の(　　　)です。

3. 例のように(　　)に適当な言葉を書きなさい。

> 例
> A これは(なん)ですか。
> → B 私のパスポートです。

① A　　：これも(　　　)の手帳ですか。

　　B　　：いいえ、それは私のじゃありません。

② 田中　：それはあなたのお兄さんのコピーカードですか。

　　中村　：はい、これは(　　　)のコピーカードです。

③ A　　：これもあなたのお姉さんのスカーフですか。

　　B　　：いいえ、それは(　　　　)のスカーフじゃありません。

　　　　　　母のです。

④ A　　：あの建物は(　　　　)ですか。

　　B　　：病院です。

⑤ A　　：(　　　)建物も郵便局ですか。

　　B　　：いいえ、あれは郵便局じゃありません。　区役所です。

⑥ A　　：これは(　　　)のスーツケースですか。

　　B　　：はい、私のスーツケースです。

4. 例のように(　　　)に適当な言葉を入れて答えなさい。

┌───┐
│ 例　　　**A** ここはあなたのお兄さんのアトリエですか。 │
│ → **B** いいえ、(あに)のアトリエじゃありません。 │
└───┘

① A　　：これもあなたのお姉さんの靴ですか。

　　B　　：いいえ、これは(　　)のじゃありません。

② A　　：弟さんの事務室は二階ですか。

　　B　　：いいえ、(　　　)の事務室は三階です。

③ A　　：これはあなたのお祖母さんの眼鏡ですか。

　　B　　：はい、それは(　　)のです。

④ A　　：あれもあなたのおじいさんの杖ですか。

　　B　　：いいえ、あれは(　　　　)のじゃありません。　祖母のです。

⑤ A　　：このキャッシュカードはあなたのお兄さんのですか。

　　B　　：はい、それは(　　)のです。

⑥ 今村　：田中さんのお姉さんは大学生ですか、高校生ですか。

　　田中　：(　　　)は大学生です。

ここは山村さんの部屋です。

A : わたしの部屋はここです。
　　あなたのへやはどこですか。
B : あそこです。

A : そこ(その部屋)も教室ですか。
B : いいえ、ここ(この部屋)は教室じゃありません。事務室です。

A : あの建物は寮ですか、体育館ですか。
B : あれ(あの建物)は寮でも体育館でもありません。図書館です。

A : ソウルデパートはどちらですか。
B : あちらです。

文型チェック

ぶんけい

▶ 場所, 方向을 가리키는 指示代名詞의 用例

谷村 : ①ここは事務室です。②そこもじむしつですか。

中田 : いいえ、事務室じゃありません。①ここは教室です。

谷村 : 先生の部屋はどこですか。

中田 : ③あそこです。

谷村 : あ、玄関はどちらですか。

中田 : ④あちらです。

	近称	中称	遠称	不定称
場所	ここ	そこ	あそこ	どこ
方向	こちら こっち	そちら そっち	あちら あっち	どちら どっち

▶ 양자부정 : **〜でも　〜でもありません。**

A　それはコピーカードですか、テレホンカードですか。

B　これはコピーカードでもテレホンカードでもありません。（양자부정）
　　キャッシューカードです。

キム　：ここは学校の庭です。

山田　：あの建物は寮ですか、図書館ですか、何ですか。

キム　：あれは寮です。

山田　：女の学生の寮ですか、男の学生の寮ですか。

キム　：女の学生の寮です。

山田　：あの建物もりょうですか。

キム　：いいえ、あれは寮じゃありません。体育館です。

＊　＊　＊

田中　：その部屋も休憩室ですか。

エリ　：いいえ、ここは休憩室じゃありません。

　　　　先生の研究室けです。

田中　：どなたのけんきゅうしつですか。

エリ　：金先生の研究室です。

田中　　　　　　　　　エリ

❶ ここは<ruby>学校<rt>がっこう</rt></ruby>です。
　　　　<ruby>教室<rt>きょうしつ</rt></ruby>
　　　　<ruby>事務室<rt>じ む しつ</rt></ruby>

❷ わたしの<ruby>部屋<rt>へ や</rt></ruby>は<u>ここ</u>です。
　　　　　　　そこ
　　　　　　　あそこ

❸ <ruby>食堂<rt>しょくどう</rt></ruby>は<u>ここ</u>です。
<ruby>病院<rt>びょういん</rt></ruby>　　　あそこ
レストラン　そこ
<ruby>体育館<rt>たいいくかん</rt></ruby>　　どこ … か。

❹ これは<ruby>韓国<rt>かんこく</rt></ruby>の<ruby>時計<rt>と けい</rt></ruby>です。
　　　　日本
　　　　アメリカ
　　　　スイス
　　　　どこ　… … か。

❺ それは<u>オーストラリア</u>の<u>カメラ</u>です。
　　　イギリス　　　　　<ruby>靴<rt>くつ</rt></ruby>
　　　フランス　　　　　ワイン
　　　オランダ　　　　　<ruby>花瓶<rt>か びん</rt></ruby>
　　　どこ　　　　　　　ネクタイ…… か。

❻ **A** あそこは<u>教室</u>ですか。
　　　B いいえ、あそこは<u>きょうしつ</u>じゃありません。
　　　　　<u>じむしつ</u>です。

<ruby>例<rt>れい</rt></ruby>：教室、**事務室**

① <ruby>事務室<rt>じ む しつ</rt></ruby>、**<ruby>読書室<rt>どくしょしつ</rt></ruby>**
② **<ruby>視聴覚室<rt>し ちょうかくしつ</rt></ruby>**、<ruby>会議室<rt>かい ぎ しつ</rt></ruby>
③ <ruby>食堂<rt>しょくどう</rt></ruby>、**<ruby>休憩室<rt>きゅうけいしつ</rt></ruby>**

❼ **A** あの部屋は<u>休憩室</u>ですか、<u>事務室</u>ですか。→**教室**

B あの部屋はきゅうけいしつでも、じむしつでもありません。

きょうしつです。

① <u>図書室</u>、<u>事務室</u>→**休憩室**

❽ **A** あれは<u>スカーフ</u>ですか、<u>マフラー</u>ですか。(**ハンカチ**)

B あれは<u>スカーフ</u>でも<u>マフラー</u>でもありません。

ハンカチです。

① <u>コピーカード</u>、<u>テレホンカード</u>(**キャッシュカード**)

❾ **A** あの人は<u>山田さん</u>ですか、<u>岡本さん</u>ですか。(**田中さん**)

B あの人は<u>山田さん</u>でも<u>岡本さん</u>でもありません。

田中さんです。

① <u>KS産業の社員</u>、<u>MK産業の社員</u>(**SG産業の社員**)

❿ **A** 私の部屋のカギはどれですか。

B あなたの部屋のカギはこれです。どうぞ。

A どうもありがとうございます。

① ロッカ

② 自転車

③ スーツケース

⓫ **A** <u>受付</u>は<u>ここ</u>ですか。

B いいえ、<u>ここ</u>じゃありません。

<u>あそこ</u>です。

A どうも。

例：<u>受付</u>・<u>ここ</u>・**あそこ**

① <u>本館</u>・<u>この建物</u>・**あの建物**

② <u>会議室</u>・<u>ここ</u>・**あそこ**

③ <u>日本語の講義室</u>・<u>この部屋</u>・**あの部屋**

1. 例のように文を作りなさい。

> A あそこは事務室ですか。（教室）
> → B いいえ、あそこはじむしつじゃありません。きょうしつです。

① 男の学生の部屋　（女の学生の部屋）

② 体育館（寮）

③ 学校（国立図書館）

2. 例のように文を作りなさい。

> A これはどこのブラウスですか。（イギリス）
> → B イギリスのブラウスです。

① 車、　（ドイツ）

② ワイン、　（フランス）

③ カメラ、　（日本）

④ テレビ、（韓国）

3. 例のように答えを書きなさい。

> A あの建物は病院ですか、学校ですか。
> → B あのたてものはがっこうです。

① あの部屋は先生の休憩室ですか、学生の休憩室ですか。

　　→

② 食堂はここですか、あそこですか。

　　→

③ あの建物は郵便局ですか、学校ですか。

　　→

4. 例のように答えなさい。

> A それは鉛筆ですか、ボールペンですか。（万年筆）
> → B これはえんぴつでもボールペンでもありません。まんねんひつです。

① A：あそこは教室ですか、事務室ですか。(休憩室)

→ B：

② A：あの人はメリさんですか、ミキさんですか。(アンナ)

→ B：

③ A：それはレコードですか、テープですか。(シーディー)

→ B：

5. 例のように適当な言葉を(　　　)の中から選んで〇をつけなさい。

例 （この）、　ここ　これ)自動車は私のです。

① 国立図書館は(その、何、あそこ)です。

② (これ、この、ここ)は　ドイツのカメラです。

③ トイレは(だれ、なん、どこ)ですか。

④ (あの、あそこ、あれ)建物は何ですか。

⑤ あの方は(どこ、どれ、どなだ)ですか。

6. 例のように<　　　>の中から適当な言葉を選んで書きなさい。
< 何、どこ、どんな、どちら、だれ、どの >

例 A あれは(なん)ですか。
→ B ビデオテープです。

① A：トイレは(　　　　)ですか。

B：あちらです。

② A：それは(　　　)ですか。

B：スキャナーです。

③ A：これは(　　　)のワインですか。

B：フランスのワインです。

④ A：それは(　　　　)の雑誌ですか。

B：カメラの雑誌です。

⑤ A：(　　　)の学生ですか。

B：韓国の学生です。

MEMO
NOTE

SEIKATSU NIHONGO
生活日本語

教室に誰がいますか。

中山さんは教室にいます。

A：中山さんはどこにいますか。

B：教室にいます。

田中さんもきょうしつにいます。

A：教室にだれがいますか。

B：中山さんと田中さんがいます。

ノートは机の上にあります。

A：ノートはどこにありますか。

B：机の上にあります。

ファイルも机の上にあります。

A：机の上に何がありますか。

B：ノートとファイルがあります。

猫は机の下にいます。

A：猫はどこにいますか。

B：机の下にいます。

A：机の下に何がいますか。

B：猫がいます。

ぶんけい
文型チェック

▶ **存在・所在有無의 표현 : あります**(ある)、**います**(いる)。

	肯定	否定
사람, 動物, 自発的으로 움직이는 生命体	います	いません
그 外의 事物, 植物, 無生物	あります	ありません

▶ **位置名詞:** 上、下、中、後、前、隣、横、側、周り…。

주어가 존재하는 장소, 위치를 나타낼 때에는 위치명사와 함께 助詞
に (~에)를 동반하여 표현한다.

　(장소) に　～があります。／います。

　　　에～이, 가 있습니다.
　　　ここに本があります。　／　教室に学生がいます。
　　　机の上に本があります。　椅子の下に猫がいます。

여기서 **名詞+の+位置名詞+に** 는 주어가 있는 장소, 위치를 나타낸다.

A 池の中に何かいますか。
B はい、います。
A 何がいますか。
B 魚がいます。
A さかなの名前は何ですか。
B 鯉です。
A ベンチはどこにありますか。
B 池の周りにあります。

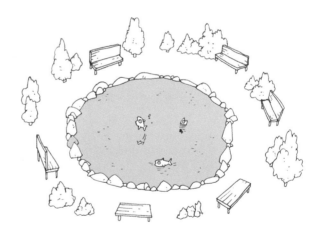

花瓶は机の上にあります。

　本も机の上にあります。

靴は机の下にあります。

ゴミ箱は机のそばにあります。

いすも机のそばにあります。

ボールは箱の中にあります。

傘は机の横にあります。

郵便局はデパートの隣にあります。

A 机の上に何がありますか。

B 本や鉛筆や花瓶などがあります。

A 郵便局はどこにありますか。

B デパートのとなりにあります。

A 机の下に何がありますか。

B 靴があります。

A 傘はどこにありますか。

B 机の横にあります。

A 鞄はどこにありますか。

B 椅子の上にあります。

A 猫もいますか。

B いいえ、猫はいません。

A パソコンはありますか。

B いいえ、パソコンはありません。

キム	：タブレットパソコンはどこにありますか。
田中	：私の机の上にあります。
キム	：インドネシア語の雑誌もありますか。
田中	：いいえ、インドネシア語の雑誌はありません。
キム	：山本さんは事務室にいますか。
田中	：いいえ、事務室にいません。
キム	：山本さんはどこにいますか。
田中	：会議室にいます。
キム	：ハンディーコピー機は山本さんの机の上にありますか。
田中	：いいえ、私の机の上にあります。
キム	：あ、そうですか。
田中	：はい、山本さんの机の上には何もありません。

〇〇出版社

❶ <u>キム</u>さんは<u>会議室</u>にいます。
田中さん　<u>教室</u>
エリさん　<u>食堂</u>
お母さん　どこ　…　か。

❷ <u>辞書</u>は<u>そこ</u>にあります。
<u>本</u>　　ここ
<u>傘</u>　　あそこ
<u>靴</u>　　どこ　…　か。

❸ <u>机</u>の上に<u>本</u>があります。
　　　　ノート
　　　　辞書
　　　　本やノートや辞書などがあります。

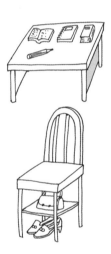

❹ <u>椅子</u>の下に<u>靴</u>があります。
　　　　カバン
　　　　靴とカバン

❺ <u>消しゴム</u>は<u>筆箱の中</u>にあります。
<u>書類</u>　　ファイル
<u>人形</u>　　箱
お金　　財布

❻ <u>あなたの前</u>に<u>田中</u>さんがいます。
　　　　　　だれ　…　　か。
　　　後　<u>山中</u>さんがいます。
<u>車の</u>　　<u>子供</u>

❼ <u>私のまえ</u>に<u>黒板</u>があります。
先生 うしろ
あなた　　何が　…　か。

❽ <u>電話</u>は<u>テーブルの上</u>にあります。

62

書類　コピー機
新聞　机

❾ カバンは机の下にあります。
机の下にかばんがあります。
つくえの上に電話があります。
電話はつくえの上にあります。

❿ A　田中さんのうしろに何がありますか。
　　　　　前
　　　　　横
　　　　　隣に誰がいますか。
　　B　テレビがあります。
　　　　鏡
　　　　テーブル
　　　　田村さんがいます。

⓫ あそこにキムさんがいます。
　　　　　男の人
　　　　　子供
　　　　だれ　　…　　か。

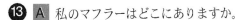

⓬ A　あなたの後にだれがいますか。　　B　田中さんがいます。
　　A　田中さんはどこにいますか。　　B　私の後にいます。

⓭ A　私のマフラーはどこにありますか。
　　B　あのテーブルの上にあります。
　　① パソコン・机の上
　　② 万年筆・新聞の下
　　③ かばん・いすの横

❶ A 病院はどこにありますか。
   B 駅の前にあります
   ① 郵便局・銀行の後
   ② 銀行・デパートの隣
   ③ ポスト・スーパーの前
   ④ 喫茶店・デパートの中
   ⑤ 本屋・パン屋の隣

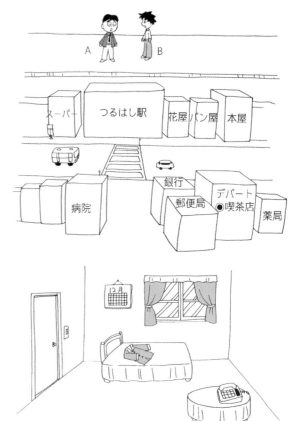

❶ A テーブルの上に何がありますか。
   B 電話があります。

   ① ベッドの上・コート
   ② ドアの右・スイッチ
   ③ 窓の左・カレンダ

❶ 田中：庭に誰がいますか。
   今村：母がいます。

   ① 教室・学生
   ② 二階の部屋・兄・父
   ③ 相談室・先生・学生
   ④ 屋上・弟

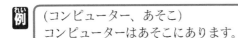

1. 例のように文を作りなさい。

> 例
> （コンピューター、あそこ）
> コンピューターはあそこにあります。

① （犬、ここ）

② （新聞、どこ）

③ （辞書、机の上）

④ （山田さん、会議室）

⑤ （カバン、椅子の下）

2. 例のように <　　　 >の中から適当な言葉を選んで書きなさい。

> 例
> < あります、います>
> 山本さんのカバンは机の上に（あります）。

① 庭に猫が（　　　　）。

② 筆箱の中に鉛筆が（　　　）。

③ 机の上にキムさんの本が（　　　　）。

④ キムさんの後に山本さんが（　　　　）。

⑤ そこに日本語の雑誌も（　　　　）。

3. 例のように< 　　>の中から適当な言葉を選んで書きなさい。

> 例
> < 何、だれ、どこ、どちら、どれ、どの、この>
> そこに本がありますか、ノートがありますか。
> →（なに）がありますか。

① そこにエリさんの万年筆がありますか、田中さんの万年筆がありますか。

→（　　　）の万年筆がありますか。

② 机の上に新聞がありますか、雑誌がありますか。

→（　　　）がありますか。

③ 木の下に猫がいますか、犬がいますか。

→（　　　）がいますか。

④ そのタバコは日本のですか、韓国のですか。

→(　　　　)のですか。

⑤ 区役所はこちらですか、あちらですか。

→(　　　　)ですか。

4. 例のように<　>の中から適当な言葉を選んで書きなさい。

> 例　あなたのノートは(どこ)にありますか。
> <　だれ、どこ、何　>

① あの部屋の中には(　　　)もありません。

② 田中さんの犬は(　　　)にいますか。

③ 箱の中に(　　　)がありますか。

④ このワインはフランスのですか、ドイツのですか。

　(　　　)のですか。

⑤ この鍵は山田さんのですか、木村さんのですか。

　(　　　)のですか。

5. 例のように(　)の中にひらがなを一つ書きなさい。

> 例　私(の)本は机(の)上(に)あります。

① 鉛筆は筆箱(　)中にあります。

② 机(　)上に花瓶もあります。

③ 机の下(　)猫がいます。

④ 箱(　)中(　)リンゴがあります。

⑤ 机の上に花瓶(　)電話(　)本などがあります。

⑥ A：椅子も ありますか。

　B：いいえ、 椅子(　)ありません。

⑦ A：池の中に何(　)いますか。

　B：さかな(　)います。

6. 例のように( )の中に適当な言葉を書きなさい。

> 例
> A：そこ (に)女(の)人がいます。
> 　　(だれ)ですか。
> B：山田さんです。

① A：あそこにコンピューターがあります。( )のですか。

　　B：松本さん( )です。

② 山田さんは中村さんの後( )います。

　　A：中村さんは( )にいますか。

　　B：山田さんの( )にいます。

③ A：木の下にベンチがありますか。

　　B：はい、あります。 テーブル( )あります。

④ A：箱の中に( )がいますか。

　　B：猫がいます。

⑤ A：鉛筆は( )にありますか。

　　B：筆箱の中にあります。

⑥ A：その袋の中に( )がありますか。

　　B：本や、ノートや、ファイル( )があります。

これはいくらですか。

お客 : この鉛筆はいくらですか。

店員 : それは200円です。

お客 : そのボールペンはいくらですか。

店員 : これは350円です。

お客 : じゃ、この鉛筆とそのボールペン
をください。

いくらですか。

店員 : 550円です。

*   *

A : これは日本の切手ですか。

B : はい、そうです。

A : 80円の切手を三枚ください。

いくらですか。

B : 240円です。

80円   80円   80円   =   240円

*   *

A : 冷蔵庫の中に卵がいくつありますか。

B : 三つあります。

A : りんごもありますか。

B : はい、あります。

A : いくつありますか。

B : 五つあります。

Ⓐ：駐車場に車が何台ありますか。
Ⓑ：十台あります。

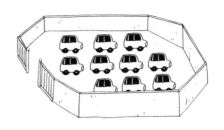

Ⓐ：その箱の中に切手が何枚ありますか。
Ⓑ：五枚あります。

エリ　：山村さんは二十三歳です。木村さんもにじゅうさんさいですか。
田中　：いいえ、木村さんは二十二歳です。

文型チェック

▶ **〜を**(助詞) : 〜을(를) 에 해당하며 目的, 対象을 나타낼 때 쓰인다.

▶ **〜ください。** 〜주십시오.

▶ **〜をください** 〜을(를) 주십시오.

○ この万年筆をください。

○ すみません。 このみかんを三つください。

   あのオレンジもください。

▶ **幾ら**(얼마) : 価格을 묻는 表現. → いくらですか。

A: このみかんはいくらですか。

B: 一つ100円です。

A: じゃ、このみかんを五つください。

〈数〉

ゼロ/れい	いち	に	さん	し/ よん
0	1	2	3	4
ご	ろく	しち/なな	はち	きゅう/く
5	6	7	8	9

10 じゅう / 100 ひゃく / 1000 せん / 10000 まん

▶ **幾つありますか。** : (事物:몇 개) 一つ、二つ、三つ、四つ、五つ、六つ、七つ、八つ、九つ、十、十一、十二… あります。

何人いますか。 : (사람) 一人、二人、三人、四人、五人、六人、七人、八人、九人、十人、十一人、十二人… います。

A 事務室にいすが幾つありますか。

B 二つあります。

A 事務室に研修生が何人いますか。

B 二人います。

本、枚、冊、台、足、階、番…

A その箱の中に何がありますか。

B ノートやボールペンやレコードなどがあります。

A あ、そうですか。じゃ、レコードは何枚ありますか。

B 五枚あります。

A ボールペンは何本ありますか。

B 六本あります。

A ノートは何冊ありますか。

B 九冊あります。

A 運動靴もありますか。

B はい、ありますよ。

A 何足ありますか。

B 1足あります。

▷ **〜ずつ**(〜씩, 接尾語) : 数量을 表現하는 助数詞 等에 接続하여 同一한 数量을 나타낸다.

お客 : この鉛筆とそのボールペンを二本ずつください。

　　　あ、この色鉛筆も一本ください。全部何本ですか。

店員 : 五本です。

お客 : この鉛筆はいくらですか。

店員 : 二百円です。

お客 : そのボールペンも二百円ですか。

店員 : はい、そうです。

　　　　　　　　　　　　　　　　200+200=400

お客 : この色鉛筆はいくらですか。

店員 : それも二百円ですよ。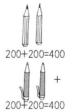

　　　　　　　　　　　　　　　　200+200=400

お客 : じゃ、全部(で)いくらですか。

店員 : 千円です。

　　　　　　　　　　　　　　　　200
　　　　　　　　　　　　　　　　||
　　　　　　　　　　　　　　　1000

＜<ruby>日本<rt>にほん</rt></ruby>のお<ruby>金<rt>かね</rt></ruby>＞

<一<ruby>円<rt>いちえん</rt></ruby>>　　　<五<ruby>円<rt>ごえん</rt></ruby>>　　　<十<ruby>円<rt>じゅうえん</rt></ruby>>

<五十<ruby>円<rt>ごじゅうえん</rt></ruby>>　<百<ruby>円<rt>ひゃくえん</rt></ruby>>　<五百<ruby>円<rt>ごひゃくえん</rt></ruby>>

<<ruby>千円<rt>せんえん</rt></ruby>>

<<ruby>二千円<rt>にせんえん</rt></ruby>>

<<ruby>五千円<rt>ごせんえん</rt></ruby>>

<<ruby>一万円<rt>いちまんえん</rt></ruby>>

お客 : すみません。このオレンジはいくらですか。

店員 : 一つ200円です。

お客 : このオレンジも200円ですか。

店員 : いいえ、それはオレンジじゃありません。それは蜜柑です。

お客 : あ、そうですか。

じゃ、このみかんはいくらですか。

店員 : 一つ100円です。

お客 : じゃ、このみかんとこのオレンジを二つずつください。

いくらですか。

店員 : 600円です。

お客 : あ、スイカ、ありますか。

店員 : すみません。スイカはありません。

お客 : メロンもありませんか。

店員 : いいえ、メロンはありますよ。

お客 : いくらですか。

店員 : 一つ2,000円です。

お客 : じゃ、メロンもください。

店員 : はい、全部で2,600円です。

＊ 果物屋

店員　　　　　　客

1 このスカーフは5000円です。

ブラウス　10000
手袋（てぶくろ）　4500
ネクタイ　いくら … か。

2 Ａ このボールペンはいくらですか。　　Ｂ 150円です。

鉛筆（えんぴつ）　　　　　　　　120
ビデオテープ　　　　　　　3000
消しゴム（けし）　　　　　　　100
USB　　　　　　　　　1000
CD　　　　　　　　　　2500

3 Ａ これは①日本のカメラですか。
Ｂ いいえ、①日本のカメラじゃありません。
Ａ どこの②カメラですか。
Ｂ ③アメリカのです。
Ａ いくらですか。
Ｂ ④25,000円です
Ａ じゃ、これをください。

(1) ① イタリアのワイン　　　② ワイン　　　③ フランス　④ 3,000円
(2) ① スイスの時計（とけい）　　② 時計（とけい）　　③ 韓国　④ 5,600円
(3) ① イギリスのコンピューター　② コンピューター　③ 日本　④ 170,800円

4 木村（きむら）：箱（はこ）の中（なか）に鉛筆（えんぴつ）が何本（なんぼん）ありますか。 (5)
田中：五本（ごほん）あります。
Ａ 机（つくえ）の上（うえ）に日本語の雑誌（ざっし）が何冊（なんさつ）ありますか。 (3)
Ｂ → 三冊（さんさつ）あります。
Ａ コンサートのチケットが何枚（なんまい）ありますか。(2)
Ｂ → 二枚（にまい）あります。
Ａ 駐車場（ちゅうしゃじょう）に車（くるま）が何台（なんだい）ありますか。(6)
Ｂ → 六台（ろくだい）あります。
Ａ そこに郵便切手（ゆうびんきって）が何枚（なんまい）ありますか。(4)
Ｂ → 四枚（よんまい）あります。

74

❺ この会社に韓国人が一人います。

    日本人　　二人
    タイ人　　三人
    アメリカ人　四人
    外国人　　何人 ‥ か。

❻ 外国人の社員が何人いますか。

日本人の友達

フランスの学生

KSの社員

❼ Ａ 家族は何人ですか。(5)　　　　　　Ｂ 五人です。
　　　兄弟　　　　　(2)　　　　　　　　　二人
　　Ａ 韓国の研修生は何人ですか。 (4)　　Ｂ 四人です。
　　Ａ 外国人の研修生は全部で何人ですか。(15)　Ｂ 十五人です。

❽ Ａ 椅子がいくつありますか。(2)　　　　Ｂ ふたつあります。
　　　卵　　　　　　　(4)　　　　　　　　よっつ
　　　オレンジ　　　　(5)　　　　　　　　いつつ

❾ 木村さんは十九歳です。
　明子　　　二十歳
　今村　　　三十五歳
　あの人　　何歳 (おいくつ)ですか。

❿ 木村：田村さんの歳は四十三歳です。エリさんも四十三歳ですか。
　田中：はい、そうです。田村さんとエリさんは四十三歳です。

⓫ Ａ このオレンジはいくらですか。
　　Ｂ 一つ ① 150円です。
　　Ａ じゃ、② 三つください。
　　Ｂ はい、全部で③ 450円です。

    (1) ① 200円　　② 五つ　　③ 1000円
    (2) ① 100円　　② 六つ　　③ 600円
    (3) ① 300円　　② 四つ　　③ 1200円

❷ A 150円の切手を3枚ください。
B はい、全部で450円です。

① 80円・2枚・160円
② 150円・2枚・300円

❸ A これはどこの①ワインですか。
B ②フランスのです。
A あれも②フランスのですか。
B いいえ、あれは②フランスのじゃありません。③ドイツのワインです。
A じゃ、これを④二本ください。
B どれですか。
A あ、この⑤フランスのワインです。
いくらですか。
B はい、⑥6,000円です。

(1) ① シャツ ② 日本 ③ イギリスのシャツ ④ 二枚 ⑤ 日本のシャツ ⑥ 12,000円
(2) ① 靴 ② 韓国 ③ 日本の靴 ④ 3足 ⑤ 韓国の靴 ⑥ 18,000円

❹ A 家族は何人ですか。
B 四人です。
両親と兄が一人います。

例：両親・兄・一人

① 主人・こども・二人
② 母・弟・二人
③ 父・妹が一人・弟が一人
④ 両親・姉・一人
⑤ 家内・子供・二人

1. 例のように(　　)の中に適当な助数詞をひらがなで書きなさい。

> 例　自転車が(2: にだい)あります。
> 本が(3: さんさつ)あります。

① 車が(5:　　　)あります。

② 切手を(4:　　　)ください。

③ 教室に学生が(6:　　　)います。

④ 箱の中に靴が(1:　　　)あります。

⑤ このワインを(2:　　　)ください。

2. 例のように<　>の中から適当な言葉を選んで書きなさい。

> 例　A　この会社に外国人が(なんにん)いますか。
> B　5人います。
> < 何人、どこ、いくつ、だれ、何枚、何台、いくら、どれ、何本>

① A：このオレンジは(　　　)ですか。

　 B：150円です。

② A：箱の中にりんごが(　　　)ありますか。

　 B：五つあります。

③ A：これは(　　　)のワインですか。

　 B：フランスのです。

④ A：(　　　)が韓国のお酒ですか。

　 B：これです。

⑤ A：駐車場に車が(　　　)ありますか。

　 B：5台あります。

⑥ A：この韓国のかばんは(　　　)のですか。

　 B：金さんのです。

⑦ A：これは(　　　)の時計ですか。

　 B：スイスのです。

　 A：(　　　)ですか。

　 B：20,000円です。

3. 例のように答えをひらがなで書きなさい。

> 例
> | A | 50円の切手を5枚ください。
>   いくらですか。
> | B | (にひゃくごじゅうえんです)

① A：このみかんは一つ150円です。
   B：よっつください。
      いくらですか。
   A：(　　　　　　　　)

② A：この部屋に小学生と中学生がいます。
      小学生がふたり、中学生がろくにんいます。
      全部で何人ですか。
   B：(　　　　　　　　　　)

③ A：100円の切手を3枚と、30円の切手を2枚ください。
      いくらですか。
   B：(　　　　　　　　　)

④ A：このワインはいくらですか。
   B：1,800円です。
   A：じゃ、これを二本ください。
      いくらですか。
   B：(　　　　　　　)

⑤ A：この演劇のチケットはいくらですか。
   B：2,000円です。
   A：3枚ください。
      いくらですか。
   B：(　　　　　　　)

4. 例のように質問に答えなさい。

> 例
> | A | 家族は何人ですか。
> | B | 4人です。両親と兄が(ひとり)います。

① B:5人です。両親と弟が(　　　)います。
② B:3人です。父と姉が(　　　)います。
③ B:6人です。両親と妹が二人と兄が(　　　)います。
④ B:4人です。家内と子供が(　　　)います。
⑤ B:3人です。主人とこどもが(　　　)います。

日本語の授業は何時からですか。

A : 今何時ですか。

B : 九時です。

A : 授業は何時からですか。

B : 授業は九時からです。

A : 何時までですか。

B : 午後5時までです。

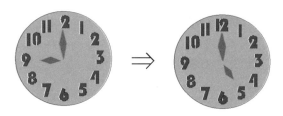

7月						
日	月	火	水	木	金	土
1	2	3	4	5	6	7
8	9	10	11	12	13	14
15	16	17	18	19	20	21
22	23	24	25	26	27	28
29	30	31				

A : 今日は月曜日です。

B : 先週の15日は何曜日でしたか。

A : 日曜日でした。

22日	23日	24日	25日
韓国語	フランス語	日本語	英語
(テストのスケジュール表)			

A : 日本語のテストはあしたです。

B : 英語のテストはいつですか。

A : あさってです。

B : あ、そうですか。毎日テストですね。

A : 昨日は日本語のテストでしたか。

B : いいえ、日本語のテストじゃありませんでした。
韓国語のテストでした。

A : 日本語のテストはいつですか。

B : あしたです。

○ 今何時ですか。

○ <ruby>今<rt>いま</rt></ruby><ruby>何<rt>なん</rt></ruby><ruby>時<rt>じ</rt></ruby>ですか。

AM		PM	
	6：15		9：30

<ruby>六<rt>ろく</rt></ruby><ruby>時<rt>じ</rt></ruby><ruby>十<rt>じゅう</rt></ruby><ruby>五<rt>ご</rt></ruby><ruby>分<rt>ふん</rt></ruby>
六時十五分

<ruby>九<rt>く</rt></ruby><ruby>時<rt>じ</rt></ruby><ruby>三<rt>さん</rt></ruby><ruby>十<rt>じっ</rt></ruby><ruby>分<rt>ぷん</rt></ruby>（<ruby>九<rt>く</rt></ruby><ruby>時<rt>じ</rt></ruby><ruby>半<rt>はん</rt></ruby>）
九時三十分 (九時半)

<ruby>十<rt>じゅう</rt></ruby><ruby>二<rt>に</rt></ruby><ruby>時<rt>じ</rt></ruby>
十二時

<ruby>三<rt>さん</rt></ruby><ruby>時<rt>じ</rt></ruby><ruby>四<rt>よん</rt></ruby><ruby>十<rt>じゅう</rt></ruby><ruby>五<rt>ご</rt></ruby><ruby>分<rt>ふん</rt></ruby>
三時四十五分
（<ruby>四<rt>よ</rt></ruby><ruby>時<rt>じ</rt></ruby><ruby>十<rt>じゅう</rt></ruby><ruby>五<rt>ご</rt></ruby><ruby>分<rt>ふん</rt></ruby><ruby>前<rt>まえ</rt></ruby>）
（四時十五分前）

<ruby>五<rt>ご</rt></ruby><ruby>時<rt>じ</rt></ruby><ruby>五<rt>ご</rt></ruby><ruby>十<rt>じゅう</rt></ruby><ruby>五<rt>ご</rt></ruby><ruby>分<rt>ふん</rt></ruby>
五時五十五分
（<ruby>六<rt>ろく</rt></ruby><ruby>時<rt>じ</rt></ruby><ruby>五<rt>ご</rt></ruby><ruby>分<rt>ふん</rt></ruby><ruby>前<rt>まえ</rt></ruby>）
（六時五分前）

<ruby>八<rt>はち</rt></ruby><ruby>時<rt>じ</rt></ruby><ruby>十<rt>じっ</rt></ruby><ruby>分<rt>ぷん</rt></ruby>
八時十分

文型チェック ^{ぶんけい}

▶ **〜から〜まで**(助詞)： 〜에서(부터) 〜까지. 出発起点과 限界点을 나타낸다.

ソウル から ──────▶ 東京 まで

1時 ──────▶ 3時

月曜日 ──────▶ 日曜日

▶ **いつ**： 언제(疑問詞)

　　　　A テストはいつですか。　B あしたです。

何年ですか ^{なんねん}：2001年(にせんいちねん)、‥2年(‥にねん)、‥3年(‥さんねん)、‥4年(‥よねん)、
　　　　　　　　‥5年(‥ごねん)、…2010年(にせんじゅうねん)…

何月 ^{なんがつ}　：一月 ^{いちがつ}、二月 ^{にがつ}、三月 ^{さんがつ}、四月 ^{しがつ}、五月 ^{ごがつ}、六月 ^{ろくがつ}、七月 ^{しちがつ}、八月 ^{はちがつ}、九月 ^{くがつ}、十月 ^{じゅうがつ}、十一月 ^{じゅういちがつ}、
　　　　　十二月 ^{じゅうにがつ}

何日 ^{なんにち}　：〜月一日 ^{がつついたち}、二日 ^{ふつか}、三日 ^{みっか}、四日 ^{よっか}、五日 ^{いつか}、六日 ^{むいか}、七日 ^{なのか}、八日 ^{ようか}、九日 ^{ここのか}、十日 ^{とおか}、
　　　　　十一日 ^{じゅういちにち}、十二日 ^{じゅうににち}、十三日 ^{じゅうさんにち}、十四日 ^{じゅうよっか}、十五日 ^{じゅうごにち}…二十日 ^{はつか}、…二十四日 ^{にじゅうよっか}、…三十一日 ^{さんじゅういちにち}

何曜日 ^{なんようび}　：月曜日 ^{げつようび}、火曜日 ^{かようび}、水曜日 ^{すいようび}、木曜日 ^{もくようび}、金曜日 ^{きんようび}、土曜日 ^{どようび}、日曜日 ^{にちようび}

何時ですか ^{なんじ}。： A 今何時ですか ^{いまなんじ}。　　B 9時です。

一週間 ^{いっしゅうかん}　：月曜日から日曜日まで、七日間 ^{げつようび　　　　　なのかかん}

一年 ^{いちねん}　：一月から十二月まで、十二か月 ^{いちがつ　じゅうにがつ　　　じゅうに　げつ}

過去		現在/ 未来			
…おととい きのう		きょう　あした　あさって‥　毎日			
〜 でした		〜 です			
先先週 ^{せんせんしゅう}	先週 ^{せんしゅう}	今週 ^{こんしゅう}	来週 ^{らいしゅう}	再来週 ^{さらいしゅう}	毎週 ^{まいしゅう}
先先月 ^{せんせんげつ}	先月 ^{せんげつ}	今月 ^{こんげつ}	来月 ^{らいげつ}	再来月 ^{さらいげつ}	毎月/ 毎月 ^{まいげつ　まいつき}
一昨年 ^{おととし}	去年/昨年 ^{きょねん　さくねん}	今年 ^{ことし}	来年 ^{らいねん}	再来年 ^{さらいねん}	毎年/ 毎年 ^{まいとし　まいねん}

○ 時制

	肯定	否定
現在/未来	〜です	〜では(じゃ)ありません
過去	〜でした	〜では(じゃ)ありませんでした

エリ：あしたは火曜日です。　今日は何曜日ですか。

山田：今日は月曜日です。

　　　おとといは何曜日でしたか。

エリ：土曜日でした。

＊　　　　＊　　　　＊

金　：今月は何月ですか。

エリ：五月です。

金　：来月は何月ですか。

エリ：六月です。

＊　　　　＊　　　　＊

金　：今朝の食事は洋食ですね。

　　　きのうの朝の食事(朝食)は洋食でしたか。

エリ：いいえ、洋食じゃありませんでした。

　　　和食でした。

先生　：みなさん、おはようございます。

学生　：先生、おはようございます。

先生　：キムさん、今日は何月何日ですか。

キム　：五月十五日です。

先生　：イさん、今日は何曜日ですか。

イ　　：火曜日です。

先生　：じゃ、今日は日本語のテストです。
　　　　今何時ですか。

学生　：9時5分です。

先生　：じゃ、テストは9時10分から10時までです。
　　　　今日の授業は10時10分からです。

5月

15 (火)

＊　　　＊　　　＊

山本　：外国語のテストはいつでしたか。

キム　：きのうでした。

山本　：何時から何時まででしたか。

キム　：9時10分から10時まででした。

山本　：テストはフランス語でしたか。

キム　：いいえ、フランス語じゃありませんでした。
　　　　英語でした。
　　　　フランス語のテストはあしたです。

山本　：えっ、毎日テストですね。

昨日	今日	明日
英語	文化史	フランス語
< テストのスケジュール表 >		

84

❶ 今日は十日です。
　　十二日
　　二十日
　　何日 … か。

❷ きのうは月曜日でした。
　きょう　火　です。

土	日	月	火	水	木	金
さきおととい	おととい	**きのう**	きょう	あした	あさって	しあさって

あした　水
あさって　何曜日 … か。

❸ 今8時55分です。
　　9時5分前
　　何時 … か。

❹ 休みは日曜日です。
　　　月
　　いつですか。
　　ありません。

❺ A ① テストはいつでしたか。
　　B ② 先週の月曜日でした。
　　A ③ 日本語のテストでしたか。
　　B いいえ、③日本語のテストじゃありませんでした。
　　　④英語のテストでした。

(1)　① 試合　　　② きのう　　　③ テニスのしあい　　　④ 野球のしあい
(2)　① 練習　　　② おととい　　　③ 剣道のれんしゅう　　　④ 柔道のれんしゅう

❻ 日本語の授業はきのうでした。　英語の授業はあしたです。
　　日本語 ‥　あしたじゃありません。
　　英語　 ‥　きのうじゃありませんでした。

❼ 山田：キムさん、今何時ですか。

　キム：朝8時25分です。

　山田：ニューヨークは今何時ですか。

　キム：夜10時25分です。

　山田：あ、そうですか。14時間の時差がありますね。

❽ 昼休みは12時30分から1時30分までです。

　　　　　12時　　　　1時
　　　　　何時　　　　何時　　‥　　か。

❾ A ①韓国美術館は何時から何時までですか。
　 B ②10時から5時までです。
　 A 休みは何曜日ですか。
　 B ③月曜日です。

韓国美術館	10:00 ～ 5:00	月曜日
ソウルデパート	10:30 ～ 7:00	水曜日
国際資料館	9:00 ～ 6:00	月・水曜日
日本銀行	9:30 ～ 5:30	日曜日

(1) ① 国際資料館　② 9:00 ～ 6:00　③ 月曜日と水曜日
(2) ① 日本銀行　② 9:30 ～ 5:30　③ 日曜日
(3) ① ソウルデパート　② 10:30 ～7:00　③ 水曜日

❿ A ①この寿司屋は何時からですか。
　 B 午前②11時半からです。
　 A 何時までですか。
　 B 午後③9時までです。
　 A 毎日ですか。
　 B いいえ、④火曜日は休みです。

(1) ① このデパート　② 10時　③ 7時　④ 月
(2) ① あの銀行　② 9時　③ 5時　④ 日
(3) ① 大学　② 9時　③ 5時　④ 日

⑪ あなたの誕生日<ruby>誕生日<rt>たんじょうび</rt></ruby>はいつですか。
<ruby>家族<rt>かぞく</rt></ruby>
<ruby>友達<rt>ともだち</rt></ruby>

⑫ A おとといの<ruby>朝<rt>あさ</rt></ruby>の<ruby>食事<rt>しょくじ</rt></ruby>は<ruby>和食<rt>わしょく</rt></ruby>でしたか。
B いいえ、和食ではありませんでした。
<ruby>洋食<rt>ようしょく</rt></ruby>でした。
A <ruby>今朝<rt>けさ</rt></ruby>の食事は和食ですね。
A <ruby>飛行機<rt>ひこうき</rt></ruby>の<ruby>食事<rt>しょくじ</rt></ruby>は<ruby>何<rt>なん</rt></ruby>でしたか。
<ruby>肉<rt>にく</rt></ruby>でしたか、<ruby>魚<rt>さかな</rt></ruby>でしたか。
B 魚じゃありませんでした。<ruby>肉<rt>にく</rt></ruby>と<ruby>野菜<rt>やさい</rt></ruby>でした。

⑬ A ここのトイレは<ruby>洋式<rt>ようしき</rt></ruby>ですか。
B いいえ、洋式じゃありません。
<ruby>和式<rt>わしき</rt></ruby>です。

⑭ A きょうは日曜日ですね。
B 会社の<ruby>食堂<rt>しょくどう</rt></ruby>は<ruby>休<rt>やす</rt></ruby>みですか。
A はい、やすみです。
B きのうも休みでしたか。
A いいえ、<ruby>昨日<rt>きのう</rt></ruby>は休みではありませんでした。

⑮ <ruby>山村<rt>やまむら</rt></ruby> ： <ruby>明日<rt>あした</rt></ruby>の<ruby>討論<rt>とうろん</rt></ruby>の<ruby>主題<rt>しゅだい</rt></ruby>は<ruby>何<rt>なん</rt></ruby>ですか。
キム ： <ruby>環境問題<rt>かんきょうもんだい</rt></ruby>です。
<ruby>山村<rt>やまむら</rt></ruby> ： <ruby>昨日<rt>きのう</rt></ruby>の<ruby>討論<rt>とうろん</rt></ruby>の<ruby>主題<rt>しゅだい</rt></ruby>も<ruby>環境問題<rt>かんきょうもんだい</rt></ruby>でしたか。
キム ： いいえ、<ruby>きのう<rt></rt></ruby>の<ruby>討論<rt>とうろん</rt></ruby>の<ruby>主題<rt>しゅだい</rt></ruby>は<ruby>環境問題<rt>かんきょうもんだい</rt></ruby>じゃありませんでした。
ネチケット(インターネットのエチケット)でした。

1. 例のように質問に答えなさい。

 例
> A デパートは何時から何時までですか。
> B じゅうじからろくじまでです。

ソウルスーパー	7:00 ～ 11:00
食堂	9:00 ～ 8:00
郵便局	9:30 ～ 5:30
学校	9:00 ～ 5:30
デパート	10:00 ～ 6:00

① A：学校は何時からですか。

　　B：

② A：食堂は何時までですか。

　　B：

③ A：郵便局は何時から何時までですか。

　　B：

④ A：ソウルスーパーは何時までですか。

　　B：

2. 例のように時計を見て質問に答えなさい。

例
> A 今何時ですか。
> B いま、さんじにじゅうごふんです。

例　　　　①　　　　②　　　　③　　　　④

3. 例のように練習しなさい。

例
> 講義・2時
> A 今日の午後は何ですか。　　B こうぎです。
> A 何時からですか。　　　　　B にじからです。

① 見学・9時半　　　　　　　　② 研修・3時

4. 例のように(　)の中に適当な言葉を書きなさい。

例
> A きのうの午前は(何でしたか)。　B 見学でした。
> A (何時からでしたか)。　　　　　B 9時から(でした)。
> A 英語のテストはいつ(ですか)。　B 来週の月曜日(です)。

① A：きのうの午前は(　　　　　)。　　　　　B：研修でした。

　A：(　　　　　　　)。　　　　　　　　　B：10時30分からでした。

② A：あしたの会議は(　　　　　)。　　　　B：11時からです。

③ A：おとといの午前は(　　　　　)。　　　B：工場見学でした。

④ A：再来週の土曜日もテニスの練習(　　　　)。　B：はい、そうです。

5. 例のように(　　)の中に適当な言葉を書きなさい。

> **例**　Ａ　きょうは六月むいかです。明日は(なんにち)ですか。
> Ｂ　(なのか)です。

① きょうは日曜日です。(　　　)は月曜日です。

② A：今月は(　　　　)ですか。

　B：六月です。

③ 先月は九月でした。　(　　　)は十一月です。

④ 今年は2002年です。　(　　　)は2003年です。

⑤ おとといは土曜日でしたか。いいえ、土曜日(　　　　)。水曜日でした。

⑥ A：あしたは(　　　)ですか。

　B：木曜日です。

⑦ A：あしたとあさっては休みです。きのうも休みでしたか。

　B：いいえ、きのうは(　　　　　)

⑧ A：今日は 一月三十一日です。(　　　)はなんにちですか。

　B：二月ついたちです。

⑨ A：今(　　　)ですか。

　B：九時半です。

⑩ 日本語の授業は九時から何時(　　)ですか。

6. 例のように<　　>の中から適当な言葉を選んで書きなさい。

> **例**　Ａ　今(なんじ)ですか。　　Ｂ　九時半です。
> <何人、何時、何月、何日、どこ、どれ、何、だれ>

① A：きのうは19日でした。今日は(　　　)ですか。　B：二十日です。

② A：今田さんは(　　　)ですか。　　　　　　　　B：事務室にいます。

③ A：田中さんのいすは(　　　)ですか。　　　　　B：このいすです。

④ A：今日のレポートの主題は(　　　)ですか。　　B：環境問題です。

⑤ A：この会社に韓国人は(　　　)ですか。　　　　B：十人です。

09

生活日本語

Eメールは葉書より速いですか。

山田　：あのビルは高いですね。

　　　　あの高いビルは何ですか。

キム　：あれはロッテワールドタワーです。

山田　　キム

Ａ：レポートは難しいですか。

Ｂ：いいえ、むずかしくありません。　易しいです。

Ａ：きょうの討論の主題は易しいですか。

Ｂ：いいえ、易しくありません。むずかしいです。

Ａ：討論の主題は何ですか。

Ｂ：地球環境問題です。

主題：

地球環境問題

Ａ：Eメールは郵便葉書(葉書)より速いですか。

Ｂ：はい、速いです。

Ａ：日本の物価は安いですか。

Ｂ：いいえ、安くありません。　日本の物価は高いです。

エリ　　：この大きいかばんは今村さんのですか。

今村　　：いいえ、私のじゃありません。

　　　　　私のかばんはこの小さいのです。

今村

エリ

ぶんけい 文型チェック

▶ い形容詞

基本形：大きい　小さい　広い　狭い　美味しい　高い　…
連体形：体言修飾・接続 → い(語尾) + 体言

　　　　　　大きいカバン　小さい人形　広い海　狭い部屋　美味しいキムチ

	肯定	否定
丁重体	大きいです	大きくありません /大きくないです
普通体	大きい	大きくない

A　その地図は大きいですか。　　　B　はい、これは大きい地図です。

A　このケーキは美味しいですか。　B　いいえ、美味しくありません。

A　日本の物価は安いですか。　　　B　いいえ、安くありません。

▶ 比較表現：～より(～보다)：A 〈B、A〉B

飛行機は船より速いです。　船は飛行機より遅いです。
姉は兄より背が高いです。兄は姉より背が低いです。
東京は大阪より大きいです。大阪は東京より小さいです。

　　A・B比較：質疑：　～と～と、どちらが～ですか。

　　　　　　　　　木村：バスと電車と、どちらが速いですか。

　　　　　応答：　～の方が～です。

　　　　　　　　　今田：電車の方が速いです。

　　　　　　　　　A＝B：どちらも～です。

　　　　　　　　　山田：このアルバムとあのアルバムと、

　　　　　　　　　　　　どちらが面白いですか。

　　　　　　　　　キム：どちらも面白いです。

田中　：この部屋は広いですね。
　　　　山本さんの机は私の机より大きいですね。

山本　：田中さん、それは何ですか。

田中　：これはCDプレーヤーとスマートフォンです。

山本　：そのCDプレーヤーは日本のですか。

田中　：いいえ、日本のじゃありません。韓国のです。

山本　：それは高いですか。

田中　：いいえ、このCDプレーヤーは高くありません。安いです。
　　　　その赤いテープレコーダーとMP3プレーヤーは誰のですか。

山本　：これは私のです。

田中　：それは新しいですか。

山本　：いいえ、このテープレコーダーとMP3プレーヤーは古いですよ。

田中　：あ、そうですか。

私の机は山本さんの机より小さい

山本　　田中

テープレコーダー
MP3プレーヤー

CDプレーヤー
スマートフォン

文型練習

❶ 春は暖かいです。
夏　暑い
秋　涼しい
冬　寒い

❷ このスマートフォンは大きいです。
小さい
軽い
新しい

❸ 田中さんはやさしいです。　→ …　　　　　やさしくありません。
あの事務室は広いです。　→ …　　　　　ひろく
このパソコンは高いです。　→ …　　　　　たかく
この映画は面白いです。　→ …　　　　　おもしろく

❹ A あなたの靴は新しいですか。　B はい、(私の靴は) 新しいです。
いいえ、(私の靴は) 新しくありません。

時計　　高い
かばん　軽い
車　　　古い

❺ A このケーキは甘いですか。　B いいえ、甘くありません。
靴　　　古い
映画　　面白い
カメラ　高い

❻ 教室・事務室、明るい
A あの教室は明るいです。　あの事務室も明るいですか。
B はい、明るいです。

つくえ・テーブル、安い
自動車・自転車、新しい
テレビ・ラジオ、古い

❼ 牛乳・安い、ジュース・高い

A この牛乳は**安い**です。このジュースも安いですか。

B いいえ、このジュースは安くありません。**高い**です。

図書室・明るい、　倉庫・暗い

A この図書室は**明るい**です。この倉庫も明るいですか。

B いいえ、この倉庫は明るくありません。**暗い**です。

ケーキ・おいしい、　ハンバーガー・まずい

A このケーキは**おいしい**です。このハンバーガーもおいしいですか。

B いいえ、このハンバーガーはおいしくありません。**まずい**です。

スカーフ・古い、　ネクタイ・新しい

A このスカーフは**古い**です。このネクタイも古いですか。

B いいえ、このネクタイは古くありません。**あたらしい**です。

❽ これはコンピューターです。(新しい)　→　これは<u>新しいコンピューター</u>です。

地図　　　　　　　　　　　　(大きい)　→

自動車の雑誌　　　　　　　　(面白い)　→

靴　　　　　　　　　　　　　(軽い)　　→

缶コーヒー　　　　　　　　　(暖かい)　→

財布　　　　　　　　　　　　(かわいい)→

❾ 新しい、コピー機　→　これは<u>あたらしいコピー機</u>です。

　　　　　　　　　　　→　<u>このコピー機は新しい</u>です。

大きい、地図　　　　　　　おおきい地図　　　　　　　地図　　大きい

軽い、カバン　　　　　　　かるいカバン　　　　　　　カバン　軽い

安い、シャツ　　　　　　　やすいシャツ　　　　　　　シャツ　安い

❿ あの<u>高い</u>建物は学校です。

丸い　　　　郵便局

青い　　　　海遊館

白い　　　　病院

新しい　　　何 … か。

⓫ A あの高い建物は学校ですか。(寮)

B いいえ、学校じゃありません。 りょうです。

① A あの小さい紙は食券ですか。(切手)　　　　　　B いいえ、

② A あの大きいかぎは自転車のかぎですか。(カバンのかぎ)　B いいえ、

③ A あの新しい建物は図書館ですか。(体育館)　　　B いいえ、

⓬ Ⓐ 仕事はどうですか。(忙しい) → 　　Ⓑ いそがしいです。
　　試験　　　　　　（難しい）
　　あの映画　　　　（面白い）
　　この鉛筆立て　　（かわいい）

⓭ Ⓐ この番組は面白いですか。　　　　Ⓑ （はい）、おもしろいす。
　　　　　　　　　　　　　　　　　　　　　（いいえ）、おもしろくないです。

　Ⓐ 田中さんは厳しいですか。　　　　Ⓑ （いいえ）、
　Ⓐ あのカメラは高いですか。　　　　Ⓑ （はい）、
　Ⓐ 試験は難しいですか。　　　　　　Ⓑ （いいえ）、
　Ⓐ このかばんは軽いですか。　　　　Ⓑ （いいえ）、
　Ⓐ あの部屋は広いですか。　　　　　Ⓑ （はい）、
　Ⓐ きょうは暑いですか。　　　　　　Ⓑ （いいえ）、
　Ⓐ 日本の食べ物はおいしいですか。　Ⓑ （はい）、

⓮ Ⓐ タクシーとバスと、どちらが速いですか。
　Ⓑ タクシーの方が速いです。
　① Ⓐ 缶コーヒーとジュースと、どちらが安いですか。
　　 Ⓑ
　② Ⓐ 田中さんと木村さんと、どちらが若いですか。
　　 Ⓑ
　③ Ⓐ スーツケースとハンドバックと、どちらが軽いですか。
　　 Ⓑ

⓯ Ⓐ 卒業旅行と修学旅行と、どちらが楽しいですか。
　Ⓑ どちらもたのしいです。
　① Ⓐ 日本語の授業とフランス語の授業と、どちらが面白いですか。
　　 Ⓑ
　② Ⓐ たこ焼きとホットケーキと、どちらがおいしいですか。
　　 Ⓑ
　③ Ⓐ お母さんとお父さんと、どちらが厳しいですか。
　　 Ⓑ

⓰ Ⓐ この①大きい ②かばんはあなたのですか。
　Ⓑ いいえ、私のじゃありません。
　Ⓐ だれのですか。

B 田中さんのです。

A あなたの②かばんはどれですか。

B 私の②かばんはこの③小さいのです。

例：① 大きい　② かばん　③ 小さい

(1) ① 高い　　　　(2) ① 新しい　　(3) ① 黒い　　　(4) ① 短い
　　② 椅子　　　　　　② 辞書　　　　② ファイル　　　② 傘
　　③ 低い　　　　　　③ 古い　　　　③ 青い　　　　　③ 長い

⑰ A あれはいくらですか。

B どれですか。

A あの青いスカーフです。

B あれは4,500円です。

例：青いスカーフ・4,500円

① 長いスカート・　9,000円
② 白いシャツ　・　3,500円
③ 黒い靴　・　10,000円
④ 大きい地球儀　・　5,000円

⑱ A あの①赤いネクタイはあなたのですか。

B はい、私のです。

A あの②黒いのもあなたのですか。

B いいえ、あの③黒いネクタイは私のじゃありません。山本さんのです。

(1) ① 青いマフラー　　　② 白い　　　③ 白いマフラー
(2) ① 新しいレコード　　② 古い　　　③ 古いレコード
(3) ① 長い傘　　　　　　② 短い　　　③ みじかい傘

⑲ 田中さんはどんな人ですか。(やさしい)…　やさしいひとです。
奈良　　　　　都市　　　(古い)
富士山　　　　山　　　　(高い)
山本さん　　　人　　　　(厳しい)
中国　　　　　国　　　　(大きい)

⑳ お客：その①赤いスカーフはいくらですか。
店員：これですか。

お客　：はい、それです。

店員　：これは②15000円です。

お客　：あ、ちょっと高いですね。

　　　　それより安いのはありませんか。

店員　：はい、ありますよ。

　　　　この③青いスカーフは④5000円です。

お客　：その⑤マフラーはいくらですか。

店員　：⑥3,000円です。

お客　：じゃ、その③青いスカーフとその⑤マフラーをください。

　　　　全部でいくらですか。

店員　：⑦8000円です。

例：① 赤いスカーフ　② 15,000円　③ 青いスカーフ　④ 5000円
　　⑤ マフラー　　　⑥ 3,000円　　⑦ 8,000円

---

(1) ① 長いスカート　② 10,000円　③ 黒いスカート　④　7,000円
　　⑤ ズボン　　　　⑥　8,000円　⑦ 15,000円

(2) ① 大きいかばん　② 15,000円　③ 小さいかばん　④　9,000円
　　⑤ 財布　　　　　⑥　3,000円　⑦ 12,000円

(3) ① 青いシャツ　　② 20,000円　③ 白いシャツ　　④ 10,000円
　　⑤ ハンカチ　　　⑥ 2,500円　⑦ 12,500円

㉑ 山田　：わたしの①へやは②せまいです。

　　　　　あなたの①へやは③ひろいですか。

　　田中　：いいえ、③ひろくありません。

　　　　　わたしの①へやも②せまいです。

例：① 部屋　② 狭い　③ 広い

---

(1) ① カバン　　② 大きい　　③ 小さい

(2) ① 時計　　　② 安い　　　③ 高い

(3) ① 荷物　　　② 重い　　　③ 軽い

㉒ ソウルは 釜山より人が多いです。　→　釜山 は ソウルより人が少ないです。

東京　　京都　　　　　　　　　　　→　京都　　東京

Eメールは葉書より速いです。　　　→　葉書　　Eメールより遅い

飛行機　船　　　　　　　　　　　　→　船　　　飛行機

万年筆は鉛筆より高いです。　　　　→　鉛筆　　万年筆　　　安い

SEIKATSU NIHONGO
生活日本語

1. 例のように（　　　）の中に反対語を書きなさい。

> 例 | 大きいー（ちいさい）

① 安いー（　　　）　② 明るいー（　　　）　③ 長いー（　　　）

④ 重いー（　　　）　⑤ 強いー（　　　）　⑥ （　　　　　）ー古い

2. 例のように質問に答えなさい。

> 例 | A あなたのカバンは大きいですか。
> B はい、おおきいです。
>   いいえ、おおきくありません。ちいさいです。

① あなたの部屋は狭いですか。

いいえ、＿＿＿＿＿＿＿＿＿＿。＿＿＿＿＿＿＿＿＿＿＿＿＿＿。

② 漢字は難しいですか。

はい、＿＿＿＿＿＿＿＿＿＿。

③ 日本の物価は安いですか。

いいえ、＿＿＿＿＿＿＿＿＿＿。＿＿＿＿＿＿＿＿＿＿＿＿＿＿。

④ 山田さんの靴は古いですか。

いいえ、＿＿＿＿＿＿＿＿＿＿。＿＿＿＿＿＿＿＿＿＿＿＿＿＿。

⑤ あの川は深いですか。

はい、＿＿＿＿＿＿＿＿＿＿。

3. 例のように＿＿＿＿＿に答えを書きなさい。

> 例 | A キムさんの万年筆はどれですか。（青い）
> B このあおいのです。

① A：山田さんの靴はどれですか。　（新しい）

B：この＿＿＿＿＿＿＿＿＿＿

② A：あなたの傘はどれですか。　（短い）

B：この＿＿＿＿＿＿＿＿＿＿

③ A：あなたのコートはどれですか。 （白い）

   B：この _____

④ A：郵便局はどの建物ですか。 （丸い）

   B：あの _____

4. 例のように書きなさい。

> 例　この机は大きいです。　→　これはおおきいつくえです。
>
> 　　　　　　　　　　　　　　　→　このつくえはちいさくありません。

① このネクタイは安いです。　→ 　　　　　　　　　　　　　→

② この本は古いです。　　　　→ 　　　　　　　　　　　　　→

③ この靴は高いです。　　　　→ 　　　　　　　　　　　　　→

④ このかばんは軽いです。　　→ 　　　　　　　　　　　　　→

5. 例のように< 　>の中から適当な言葉を選んで書きなさい。

> 例　Ａ　あの大きい建物は（ なん ）ですか。
>
> 　　Ｂ　区役所です。
>
> <何、どれ、だれ、いつ、どこ、どちら、どちらも、何本、何足、何枚…>

① A：この新しい靴は（　　　）のですか。　　　B：山本さんのです。

② A：その白い花は（　　）ですか。　　　　　　B：百合です。

③ A：この小さいテープレコーダーは（　　）のテープレコーダーですか。

   B：それは日本のテープレコーダーです。

④ A：白い靴は（　　）ありますか。　　　　　　B：二足あります。

⑤ A：面白いビデオテープは（　　）ですか。　　B：このビデオテープです。

⑥ A：たのしい卒業旅行は（　　）ですか。　　　B：来週です。

⑦ A：青いボールペンは（　　）ありますか。　　B：三本あります。

⑧ A：郵便葉書とEメールと、（　　）が速いですか。　B：Eメールの方が速いです。

⑨ A：英語のテープと日本語のテープと、どちらが面白いですか。

   B：（　　）面白いです。

インターネットは便利ですか。

A：パソコンは便利ですか。

B：はい、パソコンは便利な道具です。

A：Eメールは葉書より速いですか。

B：はい、速いです。

A：Eメールは便利ですね。

A：田中さんは親切ですか。

B：はい、田中さんは親切な人です。

A：あの人も親切ですか。

B：いいえ、あの人は親切ではありません。

大阪駅
JR

Sale 30%
HANKYU

A：大阪は静かですか。

B：いいえ、しずかじゃありません。
　　賑やかです。

A：あの公園はうるさいですか。

B：いいえ、うるさくありません。静かです。

▶ 文型チェック

▷ **な形容詞**（＝形容動詞）:

基本形：綺麗だ、 元気だ、 静かだ、 穏やかだ、 新鮮だ、 好きだ、 真面目だ…

連体形：体言修飾・接続 → 語幹 ＋ **な** ＋ 体言

きれい**な**女性、 げんき**な**子供、 しずか**な**部屋、

しんせん**な**食品、 すき**な**人、 まじめ**な**学生…

	肯定	否定
丁重体	静かです	静か**では**(じゃ)ありません 静か**では**(じゃ)ないです
普通体	静かだ	静か**では**(じゃ)ない

▷ **い形容詞**　明る**い**部屋　優し**い**学生　美し**い**女性　新し**い**魚 …

▷ **な形容詞**　静か**な**部屋　真面目**な**学生　綺麗**な**女性　新鮮**な**魚 …

▷ **名詞**　私**の**部屋　A大学**の**学生　美貌**の**女性 …

＊ 名詞 ＝ な形容詞：自然の風景 / 自然な動作、
　　　　　　　　　　　国の平和 / 平和な国、
　　　　　　　　　　　自由と平和 / 自由な生活、
　　　　　　　　　　　親切と奉仕 / 親切な人…

＊ 名詞：　先生の部屋(○)　先生な部屋(×)：　ここは先生の部屋ですか。
　　　　　学校の建物(○)　学校な建物(×)：　あれは学校の建物ですか。
　　　　　美貌の女性(○)　美貌な女性(×)：　美貌の女性とハンサムな男性

<ruby>田中<rt>たなか</rt></ruby>　　：<ruby>山本<rt>やまもと</rt></ruby>さん、こんにちは。

<ruby>山本<rt>やまもと</rt></ruby>　　：あ、こんにちは。

田中　　：山本さんの<ruby>事務室<rt>じむしつ</rt></ruby>はここから<ruby>遠<rt>とお</rt></ruby>いですか。

山本　　：いいえ、<ruby>遠<rt>とお</rt></ruby>くありません。<ruby>近<rt>ちか</rt></ruby>いです。あの<ruby>丸<rt>まる</rt></ruby>いビルの<ruby>三階<rt>さんがい</rt></ruby>です。

田中　　：あ、そうですか。あのビルは<ruby>立派<rt>りっぱ</rt></ruby>な<ruby>建物<rt>たてもの</rt></ruby>ですね。

　　　　　山本さんの事務室にパソコンがありますか。

山本　　：はい、ありますよ。

田中　　：パソコンは<ruby>便利<rt>べんり</rt></ruby>ですか。

山本　　：はい、とても<ruby>便利<rt>べんり</rt></ruby>な<ruby>道具<rt>どうぐ</rt></ruby>です。

　　　　　Eメールは<ruby>葉書<rt>はがき</rt></ruby>より<ruby>速<rt>はや</rt></ruby>いですよ。

田中　　：あっ、そうですか。

山本　　：えー、田中さんの事務室にはパソコンがありませんか。

田中　　：はい、ありません…。

山本　　：あ、そうですか…。<ruby>珍<rt>めずら</rt></ruby>しい? <ruby>残念<rt>ざんねん</rt></ruby>ですね。(??!!…)

❶ インターネットは<u>便利</u>です。

庭の百合　　　　美しい
この浮世絵　　　素晴らしい
中村先生　　　　親切

❷ Eメールも<u>便利</u>ですか。

田中先生　　　　　　　　親切
ロッテワールドタワー　　有名
二階の会議室もきれいですか。

❸ 綺麗です。　→　<u>きれいでは(じゃ)ありません。</u>
便利です。　→　べんり
親切です。　→　しんせつ
有名です。　→　ゆうめい
静かです。　→　しずか

❹ 私の部屋は<u>きれい</u>です。
静か
明るい
広い

あなたの部屋はどうですか。

❺ 山田さんは<u>きれい</u>です。
親切
元気
面白い

どうですか。

❻ **A** <u>あの部屋</u>は<u>きれい</u>ですか。　→　**B** いいえ、<u>きれい</u>では(じゃ)ありません。
田中さん　親切　　　　　　　　　　　しんせつ
この公園　静か　　　　　　　　　　　しずか
このかばん　便利　　　　　　　　　　べんり

❼ Ａ あの部屋は暗いですか。 → Ｂ いいえ、くらくありません。

　　会議室　　広い　　　　　　　　ひろく

　　このラジオ　新しい　　　　　　あたらしく

　　山田さん　　優しい　　　　　　やさしく

❽ Ａ 一階の休憩室は静かです。四階の休憩室も静かですか。

　　Ｂ いいえ、四階の休憩室は静かじゃありません。うるさいです。

　　Ａ この部屋はうるさいです。あの部屋もうるさいですか。

　　Ｂ いいえ、あの部屋はうるさくありません。静かです。

❾ エリさんは真面目な人です。

　　　　　厳しい

　　　　　素直な

　　　　　明るい

　　　　　元気な

　　　　　どんな　…　　か。

❿ Ａ 百合はきれいです。　　　　→　　百合はきれいな花です。

　　田中さんは真面目です。　　→　　田中さんはまじめな人…

　　この地図は便利です。　　　→　　これはべんりな地図…

　　ここは静かです。　　　　　→　　ここはしずかな所…

　　このかばんは丈夫です。　　→　　これは丈夫なかばん…

　　あのテントは簡便です。　　→　　あれはかんべんなテント…

⓫ Ａ この魚は新しいですか。

　　　　　新鮮

　　Ｂ はい、これは新しい魚です。

　　　　　新鮮な

　　Ａ 田中さんは優しいですか。

　　　　　親切

　　Ｂ はい、田中さんは優しい人です。

　　　　　　親切な

⓬ Ａ これは便利なコンピューターですか。

　　Ｂ はい、便利なコンピューターです。

　　　いいえ、　…　　　…　　じゃありません。

（奈良・法隆寺）

104

Ａ 奈良は静かな都市ですか。

Ｂ はい、静かな都市です。

Ａ 奈良は賑やかな都市ですか。

Ｂ いいえ、にぎやかな都市じゃありません。

Ａ 大阪は静かな都市ですか。

Ｂ いいえ、静かな都市じゃありません。
　大阪は賑やかな都市です。

Ａ 山本さんはきれいな女性ですか。

Ｂ はい、きれいな女性です。

　いいえ、きれいな女性じゃありません。

Ａ 田中さんは親切な先生ですか。

Ｂ はい、親切な先生です。

　いいえ、親切な先生じゃありません。

⓭ 例：教室・静か・事務室
　→ Ａ：あの教室は静かです。あの事務室も静かですか。
　　Ｂ：はい、静かです。

　　パソコン・便利・ワード　→

　　山田さん・真面目・松田さん　→

⓮ 例：図書館・静かだ、学生会館・賑やかだ
　→ Ａ：図書館は静かです。学生会館も静かですか。
　　Ｂ：いいえ、学生会館は静か**じゃない**です。賑やかです。

例：この部屋・うるさい、二階の部屋・静かだ
　→ Ａ：この部屋はうるさいです。二階の部屋もうるさいですか。
　　Ｂ：いいえ、二階の部屋はうるさ**くない**です。静かです。

① この倉庫・汚い、隣の倉庫・きれいだ
　→ Ａ
　　Ｂ

② 田中先生・親切だ、山口先生・厳しい
　→ Ａ
　　Ｂ

⓯ このきれいなブラウスは山本さんのです。
　　便利な電卓　　　エリ

簡便なテント　　　金田

新しいコピーカードはだれのですか。

⑯ Ａ　このスキャナーは便利ですね。
　　　どこのですか。
　　Ｂ　アメリカのです。
　　① 長い椅子・きれい・フランス
　　② かばん・丈夫・ドイツ
　　③ 時計・面白い・日本

⑰ お客：あれはいくらですか。
　　店員：どれですか。
　　お客：あの①青いカバンです。
　　店員：あれは②5000円です。
　　お客：③丈夫　ですか。
　　店員：はい、④丈夫なカバンです。
　　お客：このベルトはいくらですか。
　　店員：どれですか。
　　お客：この黒いベルトです。
　　店員：それは5000円です。

店員

客

> 例：① 青いかばん ② 5000円　③ 丈夫だ　④ 丈夫なかばん

(1) ① 白いかさ　　② 2,000円　　③ 便利だ　　④ 便利なかさ
(2) ① 長い椅子　　② 8,500円　　③ 丈夫だ　　④ 丈夫な椅子
(3) ① 赤いテント　② 10,000円　③ 簡便だ　　④ 簡便なテント

⑱ Ａ　パソコンとワードと、どちらが便利ですか。
　　Ｂ　パソコンの方が便利です。

> 例：**パソコン**・ワード・便利だ

① 講義室、**会議室**、静かだ
② **大阪**、奈良、賑やかだ
③ **スイス**、イラン、豊かだ
④ **あのテント**、このテント、簡便だ

1. 例のように(　　)の言葉を適当な形にして書きなさい。

例
これは魚です。(新鮮)
→ これはしんせんなさかなです。

① 田中さんは学生です。(真面目)

→

② あれは建物です。(有名)

→

③ これは辞書です。(便利)

→

④ 山本さんは先生です。(親切)

→

⑤ これはテントです。(簡便)

→

2. 例のように書きなさい。

例
A ここは静かですか。(いいえ)
B いいえ、しずかではありません。

① A：奈良は賑やかですか。(いいえ)

→B：

② A：あのトイレは汚いですか。(いいえ)

→B：

③ A：この電卓は便利ですか。(いいえ)

→B：

3. 例のように(　　)の言葉を適当な形にして質問に答えなさい。

例
A 田中さんの友達はどんな人ですか。(面白い)
B おもしろい人です。

① A：メリさんはどんな人ですか。(エレガント)

→B：

② A：キムさんはどんな人ですか。（厳しい）

　→B：

③ A：山口さんはどんな人ですか。（真面目）

　→B：

④ A：田中さんはどんな人ですか。（優しい）

　→B：

4. 例のように< >の中から適当な言葉を選んで書きなさい。

> < だれ、どう、どこ、何、どれ、どんな>
> **A** 田中さんは（どんな）人ですか。
> **B** 親切な人です。

① A：会社の仕事は（　　　）ですか。

　B：面白いです。

② A：あなたの靴は（　　　）ですか。

　B：この黒い靴です。

③ A：そのコンピューターは（　　　）ですか。

　B：これは便利です。

④ A：山田さんの部屋は（　　　）ですか。

　B：あそこです。

⑤ A：あの高い建物は（　　　）ですか。

　B：あれは郵便局です。

⑥ A：あなたの傘は（　　　）ですか。

　B：その青い傘です。

⑦ A：この綺麗なハンカチは（　　　）のですか。

　B：田中さんのです。

⑧ A：それは（　　　）のテープですか。

　B：韓国語のテープです。

⑨ A：これは（　　　）のカメラですか。

　B：日本のです。

⑩ A：あの親切な学生は（　　　）ですか。

　B：あの学生は松岡さんです。

この新しいデジタルカメラは軽くて、便利です。

文型

A：このパソコンはどうですか。

B：これは軽くて、便利なパソコンです。

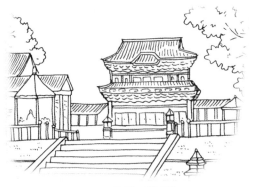

A：日光はどんな都市ですか。

B：静かで、きれいな都市です。

（日光・東照宮）

A：松岡さんはどの人ですか。

B：あの背が高くて、髪が長い人です。

110

A : 田中さんは日本語の先生です。松本さんも日本語の先生ですか。

B : いいえ、松本さんは日本語の先生じゃありません。
音楽の先生です。

A : あ、そうですか。田中さんは日本語の先生で、松本さんは音楽の先生ですね。

（田中先生）　　　　　　（松本先生）

A : このパソコンは新しいですか。

B : はい、新しいです。

A : あのパソコンも新しいですか。

B : いいえ、あれは新しくありません。古いです。

このパソコンは新しいですが、あのパソコンは古いですよ。

A : 日本語はどうですか。

B : 難しいですが、面白いです。

文型チェック

<ruby>文<rt>ぶんけい</rt></ruby>型チェック

> 文의 順接・並列：

い形容詞文：～くて、～です。

な形容詞文：～で、～です。

名詞文　　 ：～で、～です。

S<ruby>辞書<rt>じしょ</rt></ruby>は<ruby>大<rt>おお</rt></ruby>きいです。S辞書は<ruby>厚<rt>あつ</rt></ruby>いです。　　<ruby>電子<rt>でんし</rt></ruby><ruby>辞書<rt>じしょ</rt></ruby>は<ruby>軽<rt>かる</rt></ruby>いです。K電子辞書は<ruby>便利<rt>べんり</rt></ruby>です。

→ … おおき**くて**、あついです。　　 → … 軽**くて**、便利です。

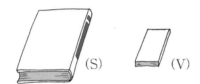 (S)　　(V)　　 (K)

<ruby>田中<rt>たなか</rt></ruby>さんは<ruby>綺麗<rt>きれい</rt></ruby>です。　　　田中さんは<ruby>真面目<rt>まじめ</rt></ruby>です。

→ … 　きれい**で**、まじめです。

Aタブレットパソコンは<ruby>安<rt>やす</rt></ruby>いです。　 Aタブレットパソコンは<ruby>便利<rt>べんり</rt></ruby>です。

→ … 　やす**くて**、べんりです。

<ruby>金<rt>きん</rt></ruby>さんの部屋は<ruby>静<rt>しず</rt></ruby>かです。　　　金さんの部屋は<ruby>明<rt>あか</rt></ruby>るいです。

→ … 　しずか**で**、あかるいです。

このかばんは<ruby>重<rt>おも</rt></ruby>いです。　　　このかばんは<ruby>不便<rt>ふべん</rt></ruby>です。

→ … 　おも**くて**、ふべんです。

田中さんは<ruby>日本人<rt></rt></ruby>です。　　　田中さんはA大学の<ruby>研究員<rt>けんきゅういん</rt></ruby>です。

→ … 　日本人**で**、A大学の研究員です。

A このCDは新しいですか。

B はい、新しいです。

A あのCDも新しいですか。

B いいえ、あのCDは新しくありません。古いです。

　このCDは新しいです**が**、あのCDは古いです。

　このCDは高いです**が**、あのCDは安いです。

A このパソコンは便利ですか。

B はい、便利です。

A このパソコンは安いですか。

B いいえ、安くありません。高いです。

　このパソコンは便利です**が**、高いです。

　このノートパソコンも便利です**が**、高いです。

キム　　：西村さん、学生会館はここから遠いですか。

西村　　：いいえ、遠くありません。近いです。あの丸い建物です。

キム　　：あ、そうですか。立派な建物ですね。
　　　　　学生会館の雰囲気はどうですか。

西村　　：賑やかで、自由な雰囲気です。

キム　　：会議室は何階ですか。

西村　　：五階です。

キム　　：会議室はどうですか。

西村　　：広くて、便利です。

キム　　：今日の会議は何時から何時までですか。

西村　　：1時から3時までです。

キム　　：えー、今日の会議は長いですね。

西村　　：キムさん、今日何かありますか。

キム　　：はい、大事な約束があります…。

西村　　：デートですか。

キム　　：いいえ、そうじゃありません。
　　　　　3時半から臨時会議がありますよ。

西村　　：あっ、そうですか…。

西村　　キム

❶ A 宅配便は速いです。

B　…　　便利な輸送システムです。

C 宅配便は速くて、便利な輸送システムですね。

❷ A 山田さんはきれいです。

B　…　　真面目な学生です。

C 山田さんはきれいで、真面目な学生ですね。

メリさんもきれいで、真面目な学生です。

❸ A この青いカバンは安いです。

B　　　…　　　便利です。

この青いかばんは安くて、便利です。

あの長いかばんも　　…　　　　。

❹ A あの建物は高いですね。

B　　…　　立派です。

あのたてものは高くて、立派ですね。

❺ A この川はきれいですね。

B この川の水は美味しくて、きれいですよ。

A とてもきれいな水ですね。

❻ A 学生会館のまわりは静かですか。

B はい、静かで、いいところです。

❼ A この机は丈夫です。

B　　…　大きいです。

C　　…　丈夫で、大きいです。

❽ A 金さんの部屋は明るいです。

B　　…　　　静かです。

C 金さんの部屋は明るくて、静かです。

❾ Ａ　<u>エリさん</u>はどんな<ruby>人<rt>ひと</rt></ruby>ですか。（エリさん・<ruby>若<rt>わか</rt></ruby>い・きれい）
　　Ｂ　<u>若くて、きれいな人</u>です。

　　① <ruby>田中<rt></rt></ruby>さん・ハンサム・<ruby>元気<rt>げんき</rt></ruby>
　　② <ruby>竹白<rt>たけしろ</rt></ruby>さん・<ruby>真面目<rt>まじめ</rt></ruby>・すてき
　　③ ムンさん・<ruby>穏<rt>おだ</rt></ruby>やか・<ruby>親切<rt>しんせつ</rt></ruby>

❿ Ａ　あの<u>スーパー</u>はどうですか。（スーパー・<ruby>安<rt>やす</rt></ruby>い・<ruby>親切<rt>しんせつ</rt></ruby>）
　　Ｂ　<u>やすくて、しんせつ</u>です。

　　① レストラン・おいしい・安い
　　② スマートフォン・軽い・便利

⓫ Ａ　あなたの<ruby>故郷<rt>ふるさと</rt></ruby>はどこですか。
　　Ｂ　<u>ジェジュ(済州)</u>です。
　　Ａ　どんな<ruby>所<rt>ところ</rt></ruby>ですか。
　　Ｂ　そうですね。<u><ruby>静<rt>しず</rt></ruby>かできれいなところ</u>です。

　　① <ruby>大阪<rt>おおさか</rt></ruby>・<ruby>賑<rt>にぎ</rt></ruby>やか・<ruby>食<rt>た</rt></ruby>べ<ruby>物<rt>もの</rt></ruby>がおいしい
　　② <ruby>京都<rt>きょうと</rt></ruby>・静か・<ruby>緑<rt>みどり</rt></ruby>が<ruby>多<rt>おお</rt></ruby>い
　　③ ブサン(釜山)・<ruby>海<rt>うみ</rt></ruby>が<ruby>近<rt>ちか</rt></ruby>い・きれい
　　④ ニューヨーク・<ruby>大<rt>おお</rt></ruby>きい・<ruby>賑<rt>にぎ</rt></ruby>やか

⓬ Ａ　あの人はだれですか。
　　Ｂ　どの人ですか。
　　Ａ　あの<u><ruby>背<rt>せ</rt></ruby>が高くて、きれいな人</u>です。
　　Ｂ　ああ、あの人は<ruby>山本<rt>やまもと</rt></ruby>さんです。
　　Ａ　<ruby>山本<rt>やまもと</rt></ruby>さんの<ruby>隣<rt>となり</rt></ruby>の<ruby>人<rt>ひと</rt></ruby>は<ruby>誰<rt>だれ</rt></ruby>ですか。
　　Ｂ　ええ、あの<ruby>可愛<rt>かわい</rt></ruby>い<ruby>女<rt>おんな</rt></ruby>の<ruby>人<rt>ひと</rt></ruby>ですか。
　　　　あの<ruby>人<rt>ひと</rt></ruby>は<ruby>中山<rt>なかやま</rt></ruby>さんです。
　　Ａ　あ、そうですか。

　　<ruby>例<rt>れい</rt></ruby>：背が高い。

　　① <ruby>髪<rt>かみ</rt></ruby>が<ruby>長<rt>なが</rt></ruby>い。
　　② <ruby>目<rt>め</rt></ruby>が<ruby>大<rt>おお</rt></ruby>きい。

⑬ 岡本 : あれはだれの①傘ですか。

今村 : どれですか。

岡本 : あの②長くて、きれいな①傘です。

今村 : あ、あれは③山本さんのです。

例：① 傘・　　② 長い・きれい　　③ 山本さん

(1) ① かばん　　② 大きい・派手　　③ 田中さん

(2) ① 手帳　　② 小さい・便利　　③ 金さん

⑭ 田中 : ①学校の寮はどうですか。

松本 : ②部屋がきれいで、明るいです。

例：① 学校の寮　　② 部屋がきれいだ・明るい

(1) ① 松本さんの町　　② 車が多い・緑が少ない

(2) ① 新学期のMT　　② にぎやかだ・面白い

⑮ A 金さんは韓国人で、日本語の先生です。

トムさんも日本語の先生ですか。

B いいえ、トムさんは日本語の先生じゃありません。歴史の先生です。

A あ、そうですか。トムさんはアメリカ人ですか。

B いいえ、イギリス人です。

トムさんはイギリス人で、歴史の先生です。

⑯ A この雑誌は古いですか。

B はい、古いです。

A あの雑誌も古いですか。

B いいえ、あれは古くありません。新しいです。

この雑誌は古いですが、あの雑誌は新しいです。

例：雑誌・古い・新しい

① かさ・安い・高い

② いす・便利・不便

③ 部屋・静か・うるさい

④ スーツケース・軽い・重い

⓱ Ⓐ パソコンは便利ですか。

Ⓑ はい、べんりです。

Ⓐ パソコンは安いですか。

Ⓑ いいえ、安くありません。高いです。

　パソコンは便利ですが、高いです。

> 例：**パソコン・便利・安い・高い**

① **国際空港・新しい・便利・不便**

② **この店のバゲット・おいしい・やすい・高い**

⓲ 例： Ａ　この店のケーキはどうですか。

　　　Ｂ：(おいしい・高い) おいしいですが、たかいです。

　　　　(安い ・おいしい) やすくて、おいしいです。

① Ａ：このハンディースキャナーはどうですか。

　Ｂ：(便利・高い)

② Ａ：たこ焼きはどうですか。

　Ｂ：(おいしい・安い)

③ Ａ：日本語の勉強はどうですか。

　Ｂ：(むずかしい・おもしろい)

④ Ａ：あのレストランはどうですか。

　Ｂ：(親切・やすい)

⑤ Ａ：このスチームアイロンはどうですか。

　Ｂ：(軽い・便利)

1. 例のように（　）の言葉を適当な形にして質問に答えなさい。

> **例**
> **A** 机の上に何がありますか。（新しい・パソコン）
> **B** あたらしいパソコンがあります。

① A：東京はどんな町ですか。（便利）

　　B：

② A：テーブルの上に何がありますか。（冷たい・お茶）

　　B：

③ A：箱の中に何がありますか。（かわいい・人形）

　　B：

④ A：庭に誰がいますか。（元気・子供達）

　　B：

⑤ A：きょうのプレゼントは何ですか。（きれい・花）

　　B：

2. 例のように（　）の言葉を適当な形にして答えなさい。

> **例**
> **A** 山本さんはどんな人ですか。（スマート、面白い）
> **B** 山本さんはスマートで、おもしろい人です。

① A：エリさんはどんな人ですか。（エレガント、親切　）

　　B：

② A：田中さんはどんな人ですか。（優しい、真面目）

　　B：

③ A：友子はどんな子供ですか。（元気、かわいい）

　　B：

④ A：キムさんはどんな学生ですか。（きれい、優しい）

　　B：

3. 例のように書きなさい。

> | 例 |
> | --- |
> | **A** この箱はきれいですか。（いいえ）
> **B** いいえ、きれいじゃありません。 きたないです。 |

① A：交通は便利ですか。（いいえ）

→ B： ＿＿＿＿＿＿＿＿＿＿＿＿。 ＿＿＿＿＿＿＿＿＿。

② A：ここは安全ですか。（いいえ）

→ B： ＿＿＿＿＿＿＿＿＿＿＿＿。 ＿＿＿＿＿＿＿＿＿。

③ A：Eメールは葉書より遅いですか。（いいえ）

→ B： ＿＿＿＿＿＿＿＿＿＿＿＿。 ＿＿＿＿＿＿＿＿＿。

④ A：日本語の試験はやさしいですか。（いいえ）

→ B： ＿＿＿＿＿＿＿＿＿＿＿＿。 ＿＿＿＿＿＿＿＿＿。

⑤ A：この砂場は汚いですか。（いいえ）

→ B： ＿＿＿＿＿＿＿＿＿＿＿＿。 ＿＿＿＿＿＿＿＿＿。

4. 例のように（　　）の言葉を適当な形にして答えなさい。

> | 例 |
> | --- |
> | **A** このスキャナーはどうですか。（安い・便利）
> **B** やすくて、ベンリです。 |

① A：松本さんのパソコンはどうですか。（軽い・便利）

B：

② A：田中さんはどうですか。（親切・真面目）

B：

③ A：エリさんの部屋はどうですか。（明るい・きれい）

B：

④ A：このかばんはどうですか。（丈夫・安い）

B：

5. 例のように＜　＞の中から適当な言葉を選んで書きなさい。

> | 例 |
> | --- |
> | ＜ だれ、どれ、どんな、どう ＞
> **A** あの背が高くて、きれいな人は（だれ）ですか。
> **B** 山田さんです。 |

① A：仕事は(　　　　)ですか。

　B：面白いです。

② A：金さんは(　　　　)人ですか。

　B：親切で真面目な人です。

③ A：Eメールは(　　　　)ですか。

　B：速くて、便利です。

④ A：あの赤くてながいコートは(　　　　)のですか。

　B：メリさんのです。

⑤ A：あなたの町は(　　　　)町ですか。

　B：賑やかで面白い町です。

⑥ A：金さんのファイルは(　　　　)ですか。

　B：この青いのです。

6. 例のように(　)にひらがなを一つ書きなさい。

> **例** 松田さんはハンサム(で)、元気(な)学生です。

① A：松井さんはど(　　)人ですか。

　B：あの背が高くて、髪が長い人です。

② A：あなたの車はどれですか。

　B：私の車はあの赤(　　)のです。

③ この部屋は静か(　　)、涼しいです。

④ あの部屋も明るく(　　)、きれいですか。

⑤ あの白い建物は有名(　　)病院です。

⑥ これは私の本(　　)、あれは松本さんのです。

⑦ アマニさんはタンザニアの留学生(　　)、33才の独身です。

⑧ 日本語の勉強は難しいです(　　)、面白いです。

⑨ この青いシャツはきれい(　　)、安いです。

⑩ あのアイロンは便利です(　　)、高いです。

この新しいデジタルカメラは軽くて、便利です　**121**

何が好きですか。

生活日本語

文型

A ： あなたはどんな町が好きですか。

B ： 私は静かな町が好きです。

キム ： スポーツの中で何が一番好きですか。

山田 ： テニスが一番好きです。

キム ： 山田さんはテニスが上手ですか。

山田 ： いいえ、上手では(じゃ)ありません。
下手です。

A ： 日本でどこが一番きれいですか。

B ： 京都がいちばんきれいです。

A ： 空港までバスと電車と、どちらが速いですか。

B ： 電車のほうが速いです。

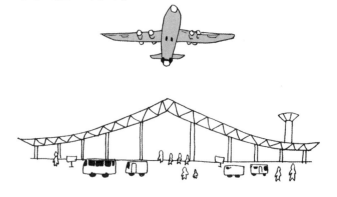

A ： 地下鉄とバスとタクシーの中でどれが一番便利ですか。

B ： 地下鉄が一番便利です。

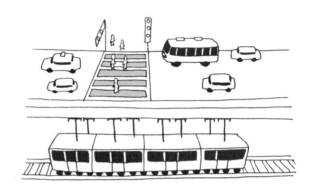

A ： 葉書とEメールと、どちらが速くて便利ですか。

B ： Eメールの方が速くて便利です。

A ： あなたは葉書とEメールと、どちらが好きですか。

B ： わたしは葉書の方が好きです。

A ： あなたはサバイバルゲームが好きですか。

B ： はい、好きです。あなたも好きですか。

A ： いいえ、私はあまり好きじゃありません。

▶ 名詞**が**+好きだ/嫌いだ… :

嗜好, 能力, 欲求 등을 나타내는 **い**, **な形容詞**는 対象을 必要로 하는데 이때 対象을
나타내는 助詞는 を가 아니라 が이다.

名詞**が** + 好きだ、嫌いだ、上手だ、下手だ、‥ ほしい など。
な形容詞   い形容詞

A あなたはテニス**を**(×)→**が**(○)好きですか。

B いいえ、テニスは好きじゃありません。

私はバドミントン**が**好きです。

山田 ： 田中さんは何**を**(×)→**が**(○)ほしいですか。

田中 ： 私はカメラ**が**ほしいです。

山田さんは何**が**ほしいですか。

山田 ： 私は何もほしくありません。

田中 ： えっ、羨ましいですね。

▶ AとBと、どちらが ～ですか。(二つ) :

山田：田中さんは肉と魚と、どちらが好きですか。

Bの方が ～ です。 :   田中：私は魚の方が好きです。

A 肉 < 魚 B   山田さんはどちらが好きですか。

～どちらも：A＝B：   山田 ： 私はどちらも好きです。

▶ ～(の中)で～が ～ですか。(三つ以上) :

山田：スポーツの中で何が一番好きですか。(テニス・野球・サッカー・ラグビー…)

田中：サッカーが一番好きです。

山田：日本でどこが一番きれいですか。(京都・神戸・奈良・日光…)

田中：京都が一番きれいです。

124

◇ 程度　副詞

100%

A このビデオはどうですか。

… **B** **とても**おもしろいです。

… 　おもしろいです。

…… **あまり**おもしろくありません。

0%　…… おもしろくありません。

100%

A 箱の中にチョコレートがありますか。

… **B** はい、**たくさん**あります。

…… はい、**すこし**あります。

0%　…… いいえ、ありません。

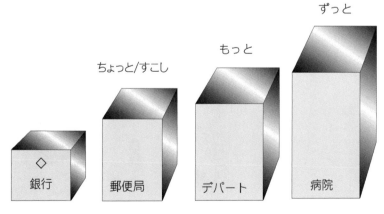

ずっと

もっと

ちょっと/すこし

銀行　　郵便局　　デパート　　病院

郵便局は銀行より**ちょっと**高いです。

デパートは銀行より**もっと**高いです。

病院は銀行より**ずっと**高いです。

＊ 郵便局とデパートと病院は銀行より高いです。

あります(ある)、います(いる)：所有、存在有無。

今村：駐車場に白い車がありますね。

　　　あの白い車はだれのですか。

松本：田中さんのです。

今村：　松本さんの車はどこにありますか。

松本：わたしは車がありません。

今村：あ、そうですか。わたしも車がありません。

　　　田中さんの車はいいですね。

松本：わたしもいい車がほしいです。

　　　えっ、あの背が高くて、きれいな女性はだれですか。

今村：あ、真理子さんです。田中さんの恋人ですよ。

松本：えっ、そうですか。羨ましいですね。

今村：あのう、松本さんは恋人がいませんか。

松本：はい、いません。今村さんは。

今村：わたしもいませんよ。

松本：あ、そうですか。

　　　今村さん、兄弟は何人ですか。

今村：弟が二人います。

松本：あのう、妹さんはいませんか。

今村：はい、　いません。

松本：そうですか…。

今村：???!!…。

今村

松本

キム　：田中さんはスポーツが好きですか。

田中　：はい、好きですよ。

キム　：どんなスポーツが好きですか。

田中　：　テニスです。

キム　：あ、そうですか。私もテニスが好きです。

　　　　田中さんはテニスが上手ですか。

田中　：いいえ、あまり上手じゃありません。

　　　　キムさんは上手ですか。

キム　：いいえ、私も上手じゃありません。

　　　　じゃ、田中さん、私といっしょにテニスの練習はどうですか。

田中　：いいですよ。キムさんは今何がほしいですか。

キム　：私は軽くていいラケットがほしいですね。

田中　：あ、そうですか。私もいいラケットがほしいですよ。

キム　：じゃ、まあまあ、4時までは仕事ですよ。

　　　　テニスの練習は4時半からです。

田中　キム

❶ わたしはいちごが好きです。

      スイカ

      メロン

あなたはどんな菓物 … か。

❷ わたしはバスケットボールが好きです。

      サッカー

      テニス

      剣道

あなたはどんなスポーツ　　…　　か。

❸ 私は韓国料理がすきです。

      日本

      タイ

      フランス

あなたはどんな　…　か。

❹ A あなたは勉強が好きですか。　→ B いいえ、べんきょうはすきじゃありません。

      豚肉 　　　　　　　　　　ぶたにく

      ボクシング　　　　　　　　　　ボクシング

❺ メリさんはダンスが上手です。

      歌

      日本語

      料理

❻ A あなたはダンスが上手ですか。　→ B いいえ、じょうずじゃありません。

      フランス語

      歌

      料理

❼ わたしは真面目な人が好きです。

      明るい

      真面目で明るい

あなたはどんなタイプの人が好きですか。

8 **A** オレンジとメロンと、どちらが好きですか。

コーヒーと紅茶

高速バスと新幹線　　　　　　速い

葉書とEメール　　　　　　　便利

好き

土曜日と日曜日　　　　　　　暇

剣道とフェンシング　　　　　面白い

B オレンジのほうが好きです。

コーヒー

新幹線　　　　　速い

Eメール　　　　便利

葉書　　　　　　好き

土曜日　　　　　暇

剣道　　　　　　面白い

新幹線:東京ー大阪: 3時間

高速バス:東京ー大阪: 8時間

9 スポーツで何が一番面白いですか。

家族　　　誰　　　元気

世界　　　どこ　　きれい

一年　　　いつ　　暑い

10 家族で誰が一番歌が上手ですか。

料理

クラス　　　　ダンス

11 このクラスでダンスが上手な人はだれですか。

歌

スイミング

日本語

12 わたしはパソコンがあります。

韓国のカメラ

新型の自転車もあります。

携帯電話がありません。

13 私は携帯電話がほしいです。

カメラ

車
コピー機
あなたは何がほしいですか。

❶❹ わたしは新しいロングコートがほしいです。
　　　　便利なスキャナー
　　　　軽いカメラ
　　　　イギリスの車

❶❺ Ａ あなたは今何がほしいですか。
　　 Ｂ ①パソコンがほしいです。
　　 Ａ どんな①パソコンがほしいですか。
　　 Ｂ ②新しくて便利な①パソコンがほしいです。

例：① パソコン	② 新しい・便利
(1) ① 靴	② シンプル・黒い
(2) ① 家	② ひろい・きれい
(3) ① 車	② 新しい・すてき
(4) ① ハンディースキャナー	② 便利・軽い
(5) ① スマートフォン	② 軽い・小さい

❶❻ わたしは兄が一人います。
　　　　妹　二人
　　 Ａ あなたはお姉さんがいますか。
　　 Ｂ いいえ、姉はいません。
　　 Ａ あなたはお兄さんがいませんか。
　　 Ｂ いいえ、います。

❶❼ Ａ 兄弟は何人ですか。
　　 Ｂ 三人です。

❶❽ わたしは日本人の友達がいます。
　　　　韓国人
　　　　フランス人
　　 Ａ あなたは中国人の友達もいますか。
　　 Ｂ はい、います。
　　　　いいえ、中国人の友達はいません。

⑲ ジョン　：金さんは親しい友達が何人いますか。
キム　　：三人います。
ジョン　：羨ましいですね。

⑳ 田中　：エリさんは日本語の辞書がありますか。
エリ　：はい、あります。
田中　：エリさんの辞書はどこにありますか。
エリ　：あの机の上にあります。

㉑ [A] あなたは自動車がありますか。　　　　[B] いいえ、ありません。
[A] あの人はお金がありますか。　　　　[B] はい、たくさんあります。
[A] 細かいお金がありますか。　　　　　[B] はい、少しあります。
[A] あなたは妹さんがいますか。　　　　[B] はい、可愛い妹が二人います。
[A] レポートがありますか。　　　　　　[B] はい、あります。

㉒ [A] どんな飲み物が好きですか。
[B] 生ビールが好きです。
　　　ジュース
　　　氷水
　　　冷たい缶コーヒー

㉓ [A] どんな音楽が好きですか。
[B] クラシックが好きです。
　　　ロック
　　　ジャズ
　　　レゲエ

㉔ [A] クラシックとジャズとロックの中でどれがいちばん好きですか。
[B] ロックがいちばん好きです。

例：クラシック・ジャズ・**ロック**・好き

① **飛行機**・新幹線・高速バス・速い
② **牛肉**・豚肉・鶏肉・高い
③ **ラジオ**・オーディオ・テレビ・パソコン・安い
④ 英語・フランス語・**日本語**・面白い

1. 例のように質問に答えなさい。

> 例
> | A | 田中さんは歌が上手ですか。 |
> | B | はい、（じょうずです。） |
> | | いいえ、（じょうずじゃありません。） |

① A：エリさんはダンスが下手ですか。

　　 B：いいえ、（　　　　　　　　　　）

② A：松山さんはスポーツが好きですか。

　　 B：　はい、（　　　　　　　　　）

③ A：福田さんは料理が上手ですか。

　　 B：いいえ、（　　　　　　　　　　）

④ A：金さんは絵が下手ですか。

　　 B：はい、（　　　　　　　　　）

2. 例のように（　）の中に適当な言葉を書きなさい。

> 例
> | A | 田中さんは(だれ)が好きですか。 |
> | B | わたしは金さん(が)好きです。 |

① A：好き(　　　　)人は誰ですか。

　　 B：金さんです。

② A：あなたは今何(　　　　)ほしいですか。

　　 B：何もほしくありません。

③ A：(　　　　)音楽が好きですか。

　　 B：静かな音楽が好きです。

④ A：スポーツの中で(　　　　)が一番好きですか。

　　 B：ラグビーが好きです。

⑤ A　どんなカメラがほしいですか。

　　 B：軽(　　　)新しいカメラがほしいです。

⑥ A：バス(　　　　)地下鉄と、(　　　　)が速いですか。

　　 B：地下鉄のほうが速いです。

⑦ A：自転車とオートバイと、ローラースケートの中で(　　　　)が一番速いですか。

　　B：オートバイが一番速いです。

⑧ A：あなたは田中さん(　　　　)好きですか、エリさん(　　　　)好きですか。

　　　だれ(　　　　)好きですか。

　　B：私はエリさん(　　　　)好きです。

⑨ A：韓国料理と日本料理と、(　　　　)が好きですか。

　　B：(　　　　)も好きです。

⑩ A：嫌い(　　　　)食べ物は(　　　　)ですか。

　　B：ありません。

⑪ A：あなたは妹さんがいますか。

　　B：いいえ、(　　　　)

⑫ A：田中さんはアメリカ人の友達もいますか。

　　田中：いいえ、わたしはアメリカ人の友達(　　　　)(　　　　)。

⑬ A：松本さん、細かいお金がありますか。

　　B：はい、少し(　　　　)。

3. 例のように文を書きなさい。

> 例　海 〉川・深い → うみはかわよりふかいです。
> 韓国・ソウル・一番・人が多い→ 韓国でソウルが一番人が多いです。

① 地下鉄 〉バス・便利

② 一年・8月・一番・暑い

③ 駅の前のパン屋 〉・デパート・安い

④ 日本料理・寿司・いちばん・おいしい

⑤ ワード 〈 パソコン・高い

4. 次の質問に答えなさい。

① 季節でいつがいちばん好きですか。：

② どんなタイプの男性(女性)が好きですか。：

③ きのうは休みでしたか。：

④ きょうは暇ですか。：

13 | 私は友達にEメールを送ります。

A ： あなたは何を書きますか。
B ： 手紙を書きます。
A ： だれに書きますか。
B ： 先生に手紙を書きます。

A ： どこでご飯を食べますか。
B ： 学校の食堂で食べます。

A ： きのうテレビを見ましたか。
B ： いいえ、見ませんでした。
A ： きのう何をしましたか。
B ： 友達と一緒にホームページを作りました。

A : きのう友達にEメールを送りましたか。

B : いいえ、送りませんでした。あした送ります。

A : どこへ行きますか。

B : 神戸へ行きます。

A : 何時に着きますか。

B : 8時半ごろ神戸駅に着きます。

A : どこでバスに乗りますか。

B : 区役所の前でバスに乗ります。

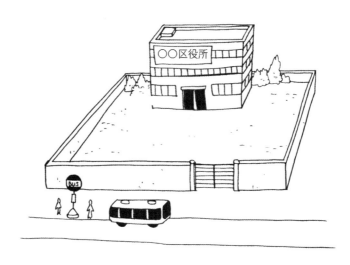

<ruby>文<rt>ぶんけい</rt></ruby>型チェック

▶ 動詞活用

動詞	基本形	ます形 (連用形)	否定	過去	
				肯定	否定
上一段	起きる	おきます	おきません	おきました	おきませんでした
	見る	み	み	み	み
	落ちる	おち	おち	おち	おち
	:	:	:	:	:
5段	書く	かき	かき	かき	かき
	買う	かい	かい	かい	かい
	読む	よみ	よみ	よみ	よみ
	乗る	のり	のり	のり	のり
	:	:	:	:	:
下一段	食べる	たべ	たべ	たべ	たべ
	開ける	あけ	あけ	あけ	あけ
	寝る	ね	ね	ね	ね
	:	:	:	:	:
か変	来る	き	き	き	き
さ変	する	し	し	し	し

* 切る－5段　切ります
　入る　　　入ります
　要る　　　要ります

▶ 時制:

	肯定	否定
現在/未来	～ます	～ません
過去	～ました	～ませんでした

A あしたは<ruby>土曜日<rt>どようび</rt></ruby>です。あした働きますか。

B はい、働きます。

A あさっては日曜日です。あさって働きますか。

B いいえ、働きません。

A <ruby>先週<rt>せんしゅう</rt></ruby>の土曜日働きましたか。

B いいえ、働きませんでした。

136

A 何を書きますか。　　　　　　　B 手紙を書きます。

A だれに書きますか。　　　　　　B 友達に書きます。

A 鉛筆で書きますか。　　　　　　B いいえ、万年筆で書きます。

A 万年筆はどこにありますか。　　B あの机の上にあります。

A きのう公園の前で友達に会いましたか。　　　＊ 友達(を×) に会う

B はい、会いました。

A 友達とどこへ行きましたか。　　B 京都へ行きました。

＊ へ가 助詞로 쓰일 때에는 he(×)→ e 로 発音한다.
　　　エリさんの部屋 へ行きます。 ：エリさんのheya e 行きます。
　　　　　(名詞)　(助詞)

A きのう何時ごろ京都に着きましたか。　　B 3時に着きました。

A 指定席に座りましたか、自由席に座りましたか。

B 自由席にすわりました。

A どこで新幹線に乗りましたか。　　B 大阪駅で新幹線に乗りました。

A どこで電車に乗り換えましたか。　B 京都駅で電車に乗り換えました。

A どこで電車を降りましたか。　　　B 出町柳駅で電車を降りました。

＊ 乗る: 電車を(×)乗る → 　電車に(○)乗る, 乗り換える

100%
　　　…よく　　A 手紙をよく書きますか。　B はい、よくかきます。

　　　…あまり　　C いいえ、あまり書きません。
0%…ぜんぜん　　D いいえ、ぜんぜん書きません。
　　　　　　　　A 友達にEメールを送りますか。
　　　　　　　　D いいえ、Eメールはぜんぜん送りません。
　　　　　　　　A じゃ、友達によく電話をかけますか。
　　　　　　　　D いいえ、電話もぜんぜんかけません。
　　　　　　　　A えっ、　そうですか。・・・・?!!?!

木村　：田中さん、おはようございます。

田中　：あ、おはようございます。どこへ行きますか。

木村　：図書館へ行きます。

田中　：木村さんもあした試験がありますか。

木村　：はい、ありますよ。田中さんも明日テストがありますか。

田中　：はい、あります。　レポートもありますよ。

木村　：あ、そうですか。大変ですね。

　　　　じゃ、田中さんもいっしょに図書館へ行きませんか。

田中　：ええ、行きましょう。

＊　　　＊　　　＊

田中　：あの本屋は静かできれいですよ。

木村　：そうですか。　いつあの本屋へ行きましたか。

田中　：きのう行きました。

　　　　山中さんと一緒にあの本屋で道路地図を買いました。

木村　：あっ、　わたしも道路地図がほしいです。

田中　：そうですか。じゃ、あとでいっしょに行きましょう。

木村　：どうも。

田中　：いいえ。あのうすみませんが、ちょっと足が痛いですね。

木村　：あ、そうですか。私もちょっと…。

田中　：じゃ、あの本屋の隣に喫茶店があります。

　　　　あの喫茶店に入

　　　　りましょうか。

木村　：ええ、いいです

　　　　ね。そうしま

　　　　しょう。

1 私は<u>パン</u>を食べます。

    ご飯

    ケーキ

    ピザ

あなたは何を … か。

2 私は<u>牛乳</u>を飲みます。

    コーヒー

    ジュース

    紅茶

あなたは何を飲みますか。

3 私は<u>漢字</u>を書きます。

    手紙

    ひらがな

    カタカナ

あなたは何を書きますか。

4 私は<u>新聞</u>を読みます。

    雑誌

    本

    手紙

あなたは何を読みますか。

5 わたしは<u>映画</u>を見ます。

    ビデオ

    テレビ

    絵

あなたは何を見ますか。

6 私は<u>クラシック</u>を聞きます。

    ジャズ

    ロック

レゲエ
あなたはどんな音楽を聞きますか。

❼ 朝6時に起きます。

6時半

何時 … か。

夜何時に寝ますか。

10時 … す。

11時半

❽ わたしは図書館で本を読みます。

食堂　　ご飯　　食べ

喫茶店　コーヒー　飲み

休憩室　映画　　見

あなたは どこで … … か。

❾ 私は9時半の飛行機に乗ります。

10時　　電車

7時半　バス

あなたは何時の…に乗りますか。

❿ 日本語を勉強します。

京都　　見物

教育センターを見学します。

Ａ あなたは何を勉強しますか。
Ｂ 日本語を勉強します。

Ａ どこを見学しますか。
Ｂ 教育センターを見学します。

⓫ きのうスーパーでゴミ袋を5枚買いました。

かさ　　2本

ノート　3冊

何を買いましたか。

なにも買いませんでした。

⓬ いっしょにごはんを食べませんか。
　　　　　ビールを飲み
　　　　　京都 へ行き
　　　　　日本語を勉強しませんか。

　　食べます　　　　食べましょう
　　飲みます　⇒　　飲みましょう
　　行きます　　　　行きましょう
　　勉強します　　　勉強しましょう

⓭ 例：A：お酒を飲みますか。　→ B：はい、飲みます。
　　　　　　　　　　　　　　　→　　　いいえ、のみません。

① たばこを吸いますか。→ いいえ、
② あした京都へ行きますか。→いいえ、
③ きのう日本語を勉強しましたか。→はい、
④ 先週友達にEメールを送りましたか。→いいえ、

⓮ 例：飲みます・コーヒー：
　　　　　　　　　　　A：何をのみますか。
　　　　　　　　　　　B：コーヒーを飲みます。

① 買います・日本語の雑誌と道路地図：
② 勉強します・日本語：
③ 食べます・パスタ：
④ 聞きます・日本語のシーディー：

⓯ 例：晩ごはんを食べます・会社の食堂
　　　　A：どこで晩ごはんを食べますか。
　　　　B：会社の食堂で食べます。

① 本を読みます・図書館：
② シャツとネクタイを買います・あのデパート：
③ 友達に会います・ソウル駅：
④ コンピューターの雑誌を買います・あの本屋：
⑤ 写真を撮ります・オリンピック公園：

⓰ **A** 日曜日何をしましたか。

B 図書館で勉強しました。

あなたは?

A わたしは友達といっしょに映画を見ました。

例：図書館で勉強する・友達といっしょに映画を見る

① 家でビデオをみる・ソウル公園で弟とあそぶ
② 友達に会う・デパートで買い物をする
③ 家族とプールへ行く・兄とテニスをする

⓱ **A** 今晩いっしょにごはんを食べませんか。

B はい、いいですね。

A じゃ、6時に駅で会いましょう。

B はい、わかりました。

例：ご飯を食べる

① 映画を見る
② 図書館へ行く
③ ビールを飲む

⓲ **A** あなたは友達によく手紙をかきますか。

B はい、よく書きます。

いいえ、あまり書きません。

例：手紙・書く・よく・あまり

① Eメール・送る・よく
② 電報・打つ・全然

1. 例のように(　　)の中の動詞を適当な形にして答えなさい。

> | 例 | Ａ あなたは何を(のみますか。)(飲む)
> | Ｂ 私はコーヒーを(のみます。)

① Ａ：朝何時に(　　　　　)。(起きる)

　Ｂ：6時半に(　　　　)

② Ａ：昼ごはんはどこで(　　　　)。(食べる)

　Ｂ：学校の食堂で(　　　　)。

③ Ａ：いつソウルへ(　　　　)。(行く)

　Ｂ：あさって(　　　　)。

④ Ａ：夜何時に(　　　　)。(寝る)

　Ｂ：11時に(　　　　)。

⑤ Ａ：図書館で何を(　　　)。(する)

　Ｂ：夜9時まで本を(　　　)。(読む)

⑥ Ａ：事務室の人は何時に(　　　)。(来る)

　Ｂ：9時に(　　　)。

2. 例のように質問に答えなさい。

> | 例 | Ａ ゆうべ友達にEメールを送りましたか。
> | (Ｂ はい、おくりました。いいえ、おくりませんでした。)

① Ａ：土曜日働きましたか。

　(Ｂ：いいえ、　　　　　　　　　　　　　　　　　　　　　　　)

② Ａ：きのう映画を見ましたか。

　(Ｂ：はい、　　　　　　　　　　　　　　　　　　　　　　　　)

③ Ａ：ゆうべ京都へ行きましたか。

　(Ｂ：いいえ、　　　　　　　　　　　　　　　　　　　　　　　)

④ Ａ：先週の土曜日休みましたか。

　(Ｂ：いいえ、　　　　　　　　　　　　　　　　　　　　　　　)

⑤ Ａ：今朝ご飯を食べましたか。

　(Ｂ：いいえ、　　　　　　　　　　　　　　　　　　　　　　　)

3. 例のように(　)の中から適当なことばを選んで＿＿＿＿＿を引きなさい。

> **例** 来週の土曜日は午前9時から午後5時まで(働きます、働きました)。

① おととい11時30分に(寝ます、寝ました)。

② 先週の日曜日だれに(会いますか、会いましたか)。

③ あしたは子供の日です。(働きました、働きません)。

④ きのう学校へ(行きますか、行きましたか)。

⑤ あした何時からK工場を(見学しましたか、見学しますか)。

4. 例にように(　)の言葉を適当な形にして文を作りなさい。

> **例** 食べる　(オレンジ 、おいしい)
> **A** 何をたべますか。
> **B** おいしいオレンジをたべます。

① 聞く(音楽、静か)　　　A：

　　　　　　　　　　　　B：

② 見る(映画、面白い)　　A：

　　　　　　　　　　　　B：

③ 買う(ゴミぶくろ、大きい)　A：

　　　　　　　　　　　　B：

④ 食べる(キムチ、 辛い)　A：

　　　　　　　　　　　　B：

⑤ 送る(Eメール、便利)　A：

　　　　　　　　　　　　B：

5. 例のように<　>の中から適当な言葉を選んで書きなさい。

> **例** **A** あした(どこ)へ行きますか。
> **B** 京都へ行きます。
> < なんじ、いつ、だれ,、どこ、なんようび、どんな、いくら、何 >

① A：きょうは(　　　)ですか。

　B：月曜日です。

② A：(　　　)に寝ますか。

　 B：11時に寝ます。

③ A：おととい本屋で(　　　)を買いましたか。

　 B：日本語の辞書を買いました。

④ A：晩ご飯を(　　　)で食べますか。

　 B：会社の食堂で食べます。

⑤ A：奈良へ(　　　)と行きますか。

　 B：友達と行きます。

⑥ A：(　　)日本へ来ましたか。

　 B：3月15日に来ました。

⑦ A：大阪から京都まで(　　　)ですか。

　 B：480円です。

⑧ A：(　　　)ごろ京都に着きましたか。

　 B：5時に着きました。

6. 例のように(　)の中にひらがなを一つ書きなさい。

> **例** きのうどこ(で)金さんに会いましたか。

① あなたのパスポートはあの机の上(　　　)あります。

② 手紙をだれ(　　　)書きますか。

③ あなたもあのバス(　　　)乗りますか。

④ 何時に会社(　　　)出ましたか。

⑤ いつ京都(　　　)行きますか。

⑥ 子供はあの小さい椅子(　　　)すわります。

⑦ 日本でどこ(　　　)一番好きですか。

⑧ どこで電車(　　　)降りますか。

⑨ きのうはデパートでネクタイとスカーフを買いました。

　 きょうは何(　　　)買いません。

⑩ これは何(　　　)テストですか。

14 生活日本語

空港へ友達を迎えに行きます。

文型

A : どこへ行きますか。
B : 空港へ行きます。
A : 何をしに行きますか。
B : 友達を迎えに行きます。
A : 空港まで何で行きますか。
B : 地下鉄で行きます。

A : どこへ行きますか。
B : 昼ごはんを食べに家へ帰ります。

A : 何を勉強しますか。
B : 日本語を勉強します。

　　私は日本へ日本語の勉強をしに来ました。

A : 日本語でEメールを書きますか。
B : はい、そうです。
A : 私も日本語でEメールを書きたいですね。

動詞**ます形**(連用形)+**に** <ruby>行<rt>い</rt></ruby>く ： ～ 하러 가다
<ruby>来<rt>く</rt></ruby>る　　　　　오다 ＼ ： <ruby>移動<rt>いどう</rt></ruby>의 <ruby>目的<rt>もくてき</rt></ruby>
<ruby>帰<rt>かえ</rt></ruby>る　돌아가(오)다 ／　　　을 나타낸다.

Ａ どこへ行きますか。

Ｂ 友達と映画を<ruby>見<rt>み</rt></ruby>に行きます。

　フランスへ行きます。
　<ruby>料理<rt>りょうり</rt></ruby>を<ruby>習<rt>なら</rt></ruby>います。

　→ フランスへ料理を**習い**に行きます。

Ａ どこへ行きますか。

Ｂ フランスへ行きます。

Ａ 何をしに行きますか。

Ｂ 料理を習いに行きます。 → フランスへ料理を習いに行きます。

　<ruby>来週<rt>らいしゅう</rt></ruby><ruby>黒田<rt>くろた</rt></ruby>さんは韓国へ<ruby>来<rt>き</rt></ruby>ます。
　韓国語を習います。
　→ 来週<ruby>黒田<rt>くろた</rt></ruby>さんは韓国語を<ruby>習<rt>なら</rt></ruby>いに韓国へ<ruby>来<rt>き</rt></ruby>ます。

　<ruby>家<rt>うち</rt></ruby>へ<ruby>帰<rt>かえ</rt></ruby>ります。
　<ruby>事務室<rt>じむしつ</rt></ruby>のカギを<ruby>取<rt>と</rt></ruby>ります。
　→ 家へ事務室のカギを**取り**に帰ります。

　田中さんは日本へ帰ります。
　家族に<ruby>会<rt>あ</rt></ruby>います。
　→ 田中さんは日本へ家族に**会い**に帰ります。

＊ あした<ruby>友達<rt>ともだち</rt></ruby>と<ruby>一緒<rt>いっしょ</rt></ruby>に<ruby>国際空港<rt>こくさいくうこう</rt></ruby>へ<ruby>行<rt>い</rt></ruby>きます。
　<ruby>兄<rt>あに</rt></ruby>を<ruby>迎<rt>むか</rt></ruby>えます。
　→ あした国際空港へ友達といっしょに兄を迎えに行きます。

Ａ あしたどこへ行きますか。　　　Ｂ 国際空港へ行きます。

Ａ 国際空港へ何をしに行きますか。　Ｂ 兄を迎えに

Ａ あした国際空港へだれと行きますか。　Ｂ 友達といっしょに

Ａ だれを迎えに行きますか。　　Ｂ 兄を迎えに

Ａ いつ国際空港へ行きますか。　Ｂ あした

A 私はバス<u>で</u>行きます。あなたは何<u>で</u>行きますか。

B 私は地下鉄<u>で</u>行きます。

A 私はレポートを日本語<u>で</u>書きました。あなたは何^{なん}で書きましたか。

B 英語<u>で</u>書きました。

　　私は友達とインターネット<u>で</u>勉強します。

A このきれいな箱は木<u>で</u>作りましたか。

B いいえ、新聞紙<u>で</u>作りました。

▶ 動詞 **ます形**(連用形) ＋ **たい**(助動詞) : 主語의 希望을 나타내는 表現
　　　　　　　　　　　　　　　　　　　　　　　　　　　(〜하고 싶다)

山田^{やまだ} : キムさんはどこへ行きたいですか。

キム : 北海道^{ほっかいどう}へ行きたいです。

　　　　山田^{やまだ}さんは。

山田^{やまだ} : わたしはローマへ行^いきたいですね。

＊ たい活用은 い形容詞와 同一함.

　　〜たいです → 否定形 : 〜たくありません / たくないです。

A 何を(が)飲みたいですか。

B 私は暖^{あたた}かいコーヒーが飲^のみ**たい**です。あなたは。

A 私はコーヒーはあまり飲み**たくありません**。

　　つめたいジュースが飲みたいです。

山田 : どんな音楽^{おんがく}を聞^ききたいですか。

エリ : ロックを聞きたいです。

　　　　山田^{やまだ}さんはどうですか。

山田 : 私はロックはあまり聞^ききたくありません。

　　　　クラシックを聞きたいです。

エリ　　：キムさん、こんにちは。

金　　　：あ、こんにちは。

エリ　　：どこへ行きますか。

金　　　：空港へ行きます。

エリ　　：何をしに行きますか。

金　　　：友達を迎えに行きます。

エリ　　：そうですか。ここから空港まで近いですか。

金　　　：いいえ、近くありません。遠いです。

エリ　　：じゃ、空港まで何で行きますか。

金　　　：空港バスで行きます。

エリ　　：空港までどのくらいかかりますか。

金　　　：1時間くらいかかります。

エリ　　：そうですか。あ、金さん、あしたは暇ですか。

金　　　：はい、暇ですよ。

エリ　　：じゃ、いっしょに映画を見に行きませんか。

金　　　：いいですね。じゃ、あしたどこで会いますか。

エリ　　：1時にJR大阪駅の前で会いましょう。

金　　　：はい、わかりました。

エリ　　：じゃ、また あした。

キム

エリ

❶ 私はバスで行きます。
　　　　電車
　　　　飛行機
　　　　自転車
　あなたは何で行きますか。
　私は高速バスでソウルから釜山まで行きます。

❷ いつもあの食堂で昼ごはんを食べます。
　　　　　売店　　新聞　　買い
　　　　　図書館　本　　　借り
　　　　　喫茶店　コーヒー　飲み

❸ 私は友達を迎えに行きます。
　　　　ご飯　食べ
　　　　時計　買い
　　　　映画　見
　あなたは何をしに行きますか。

❹ 郵便局へ切手を買いに行きます。
　食堂街　昼ご飯　食べ
　神戸港　船　　　見
　図書館　本　　　借り

❺ きのう友達のうちへ遊びに行きました。
　　　　公園のプールへ泳ぎ
　　　　奈良へ友達に会い
　　　　空港へ母を迎え

❻ 田中さんは来月英語を習いに来ます。
　　　　　　エリさんに会い
　　　　　　日本語を教え
　　　　　　何をしに来ますか。

❼ アメリカ人はナイフとフォークでご飯を食べます。

韓国人　　　　箸と匙
日本人　　　　箸
インドネシア人　スプンとフォーク
タンザニア人　　何　　　　…　　　　　　か。

❽ 私は日本語でレポートを書きます。

ドイツ語
スペイン語
中国語

❾ 私はテレビで日本語を勉強します。

本
CD
インターネット

❿ 私も日本語でEメールを書きます。

韓国語
英語
フランス語

⓫ 寿司を食べます。　→　寿司をたべたいです。

CD　買い　　　　CD　かい
見学　し　　　　見学　し
ビデオ　見　　　　ビデオ　み

⓬ Ⓐ どんな音楽を聞きたいですか。　　Ⓑ クラシックを聞きたいです。
Ⓐ だれに会いたいですか。　　　　Ⓑ 母に会いたいです。
Ⓐ 今晩、何が食べたいですか。　　Ⓑ すき焼きが食べたいです。
Ⓐ どんな本が読みたいですか。　　Ⓑ 旅行の本が読みたいです。

⓭ Ⓐ きのう何をしましたか。
Ⓑ 京都へお寺を見に行きました。

例：京都・お寺・見る

① 図書館・本・借りる
② 居酒屋・お酒・飲む
③ デパート・バーゲンセール・見る
④ 市民会館・講演・聞く

⑭ 中田：あした妹が私の新しい家を見に来ます。
① 今村：妹さんはいつ来ますか。　　中田：あした来ます。
② 今村：何をしに来ますか。　　　　中田：私の新しい家を見に来ます。
③ 今村：あしただれが来ますか。　　中田：妹が来ます。

⑮ Ａ 私は映画を**見たい**です。
　　あなたはどうですか。
　Ｂ 私はあまり**見たくない**です。
　Ａ えっ、そうですか。

例：映画を見る

① 漫画の本を**読む**
② スパゲッティを**食べる**
③ サバイバルゲームを**する**

⑯ Ａ 昨日何をしましたか。
　Ｂ 松本さんといっしょに車で神戸へ遊びに行きました。
① Ａ 昨日どこへ行きましたか。　　Ｂ 神戸へ行きました。
② Ａ 神戸へ何をしに行きましたか。　Ｂ 遊びに
③ Ａ 神戸へ誰と行きましたか。　　Ｂ 松本さんと
④ Ａ 神戸へ何で行きましたか。　　Ｂ 車で
⑤ Ａ いつ神戸へ行きましたか。　　Ｂ きのう

⑰ Ａ これは**イギリス**まで**速達**でいくらですか。
　Ｂ **600円**です。

① ブラジル・船便・1500円
② アメリカ・エアメール・1900円
③ 韓国・エアメール・90円

❶⓼ キム ： どこへ行きますか。

洋子 ： デパートへシャツを買いに行きます。

キム ： あ、そうですか。私も青いシャツを一枚買いたいです。

洋子 ： じゃ、一緒に行きましょうか。

キム ： ええ、いいですね。

洋子 ： キムさんはどんなシャツがほしいですか。

キム ： 私はシンプルできれいなシャツがほしいです。
　　　　洋子さんは。

洋子 ： 私はシックできれいなシャツを買いたいです。

キム ： どんな色が好きですか。

洋子 ： 私も青い色が好きですよ。

キム ： 私と同じですね。

❶⓽ Ａ　きのうだれとロビーで話しましたか。
　　 Ｂ　田中さんとエリさんと三人で話しました。

例：ロビー・話す・田中さんとエリさんと三人

① レストラン・昼ごはんを食べる・松本さんと二人
② ショッピングモール・買い物をする・家内と二人
③ 公園・遊ぶ・主人と子供と三人

1. 例のように<　>の中から動詞を選んで適当な形にして書きなさい。

> 例　私は友達を(むかえに)行きます。
> < 迎える、取る、洗う、買う、撮る、会う >

① 田中さんはトイレへ手を(　　　)行きました。

② 松本さんは公園へ写真を(　　　)行きます。

③ スイスへ友だちに(　　　)来ました。

④ 空港へ友だちを(　　　)行きます。

⑤ エリさんは家へかぎを(　　　)帰ります。

2. 例のように(　)の言葉を適当な形にして書きなさい。

> 例　図書館へほんをかりに行きます。(本・借りる)

① 美術館へ ＿＿＿＿＿＿＿＿行きます。(絵・見る)

② 郵便局へ ＿＿＿＿＿＿＿ 行きます。(切手・買う)

③ 日本へ＿＿＿＿＿＿＿来ました。(日本語・勉強する)

④ 国へ ＿＿＿＿＿＿＿＿帰ります。(家族・会う)

3. 例のように<　>の中から適当な言葉を選んで書きなさい。

> 例　A　(いつ)日本へ行きましたか。
> B　一週間前に行きました。
> < 何、どれ、何時、どこ、誰、いつ、どんな、どの>

① A：友だちと(　　　)へ行きますか。　　　B：公園へ行きます。

② A：(　　　)を勉強しますか。　　　　　　B：日本語を勉強します。

③ A：国へ(　　　)といっしょに帰りますか。　B：兄といっしょに帰ります。

④ A：(　　　)に京都に着きますか。　　　　B：10時半に着きます。

⑤ A：大阪へ(　　　)帰りますか。　　　　　B：来週の日曜日に帰ります。

4. 質問に答えなさい。

> 例　A　あさって国際空港へ友達といっしょに姉を迎えに行きます。

① B：国際空港へ何をしに行きますか。　　　　A：

② B：あさって国際空港へ一人で行きますか。　A：

③ B：だれを迎えに行きますか。　　　　　　A：

④ B：あさってどこへ行きますか。　　　　　A：

⑤ B：いつ国際空港へ行きますか。　　　　　A：

5. 例のように( )の言葉を適当な形にして答えなさい。

> **例**
> Ａ　きのう友達にＥメールをおくりましたか。（送る）
> Ｂ　いいえ、おくりませんでした。（送る）あした、送ります。
> Ａ　私も友達にＥメールをおくりたいですね。（送る）

① A：あしたどこへ行きますか。

　　B：京都へ友達と____に行きます。（遊ぶ）

② A：田中さんはどうですか。

　　B：_____学生です。（真面目だ）

③ A：先週の土曜日、どこへ_____。（行く）

　　B：家族といっしょに神戸へ _____。（行く）

④ A：あなたはうどんを食べたいですか。

　　B：いいえ、うどんはあまり_____。（食べる）私はそばが食べたいです。

⑤ A：どんなパソコンが好きですか。

　　B：私は_____パソコンが好きです。（軽い・便利だ）

⑥ A：あなたもあの映画を見たいですか。

　　B：いいえ、私はあの映画はあまり _____ 。（見る）

⑦ A：あなたはどんな勉強を___たいですか。（する）

　　B：私は日本語の勉強を_____です。（する）

⑧ A：どんな町が好きですか。

　　B：緑が_____、____町が好きです。（多い・静かだ）

6. 次の質問に答えなさい。

① 今誰に一番会いたいですか。　：

② どこへ行きたいですか。　　　：

③ どこで遊びたいですか。　　　：

④ 何を勉強したいですか。　　　：

どのくらい日本語を勉強しましたか。

1月 2 3 4 **5 6 7 8 9** **10** 11 12月	日 月 火 水 木 金 土

A : 私は一年ぐらい日本語を勉強しました。
　　あなたはどのくらい日本語を習いましたか。
B : 六か月習いました。

A : 一週間に何回日本語を習いましたか。
B : 二回習いました。

A : だれに習いましたか。
B : 金先生に習いました。

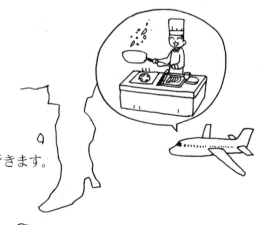

A : 今年5月にイタリアへ料理を習いに行きます。
B : あなたはイタリア語がわかりますか。
A : はい、少しわかります。

156

ジョン　：田中さんの誕生日に何をあげましたか。

エリ　　：花をあげました。

ジョン　：誕生日に何をもらいましたか。

田中　　：エリさんに花をもらいました。

エリ　　　田中

松岡　：あした松本さんも京都へ行きますか。

松本　：いいえ、私は約束がありますから、京都へ行きません。

松岡　：キムさんはどうして京都へ行きませんか。

キム　：仕事がたくさんありますから。

松岡　　　　金　　　　松本

▷ 授受表現

～ は/が ～ に～ を	**さしあげる**	私は<u>先生に花をさしあげます</u>。
	あげる	松本さん(友達)に花をあげます。
	やる	子供に絵本をあげます/やります。
		毎朝、花に水をやります。

| ～は/が～ から/に～ を | **いただく** | 私は先生に/から画集をいただきます。 |
| | **もらう** | 私は友達と弟に花をもらいます。 |

 (いただく)　　　 (もらう)

田中　：山村さん、去年誕生日に何をもらいましたか。

山村　：友達と妹に携帯電話とCDプレーヤーをもらいました。

田中　：あ、そうですか。この画集はだれからもらいましたか。

山村　：あ、それは先生にいただきました。

田中　：今年、山村さんの誕生日には何をあげましょうか。

　　　　今なにがほしいですか。

山村　：何でもいいですよ。

田中　：えっ、そうですか。???...。

▷ 程度副詞

100%

　　　A 日本語がわかりますか。

　…　**B** はい、よくわかります。

　　　＊ 日本語を(×)→が(○)わかる

　…　はい、**すこし**わかります。

　…　いいえ、**あまり**わかりません。

0%　…　いいえ、**ぜんぜん**わかりません。

* ～から(接続助詞)、　～。　：文の順接. 原因、理由를 나타낸다.

　　わたしはビールがきらいです。

　　わたしはビールをのみません。

　　わたしはビールがきらいです**から、**のみません。

* どうして(疑問詞)　～か。　：어째서, 왜

A どうしてビールを飲みませんか。

B ビールがきらいですから。

A あしたは休みですね。どこかへ遊びに行きますか。

B いいえ、どこへも行きません。

A どうしてどこへも行きませんか。

B 仕事がたくさんありますから。

A よくテレビを見ますか。

B いいえ、時間がありませんから、あまり見ません。

▶ 用言의 連体形 用例

肯定表現：　A 明る**い**部屋はどこですか。

　　　　　　B あの大き**い**部屋です。

　　　　　　A そうですね。ここは明るくてきれい**な**部屋ですね。

　　　　　　　来週からこの部屋で一緒に勉強**する**人は何人ですか。

　　　　　　B 六人です。

　　　　　　A あした京都へ**行く**人は何人ですか。

　　　　　　B 五人です。

否定表現：　A あまり**甘くない**ケーキはどれですか。

　　　　　　B この白くて小さいケーキです。

Ａ このクラスでテニスが**下手じゃない**人は何人ですか。

　　　　　　　　　　(ではない)

Ｂ 十人です。

Ａ 毎朝、朝ごはんを**食べない**人はだれですか。

Ｂ メリさんです。

＊ 動詞의 ない形(未然形)： 基本形：食べる　　　　否定：食べない

　　　　　　　　　　　　ます形：食べます　　　　　　食べません

▶ **い**形容詞・**な**形容詞(形容動詞)의 普通体・丁重体

	基本形	肯定		否定	
		普通体	丁重体	普通体	丁重体
い形容詞	明るい	明るい	明るいです	明るくない	明るくありません 明るくないです
な形容詞	静かだ	静かだ	静かです	静かではない (じゃ)	静かでは(じゃ)ありません 静かでは(じゃ)ないです

160

<ruby>会話<rt>かい わ</rt></ruby>

エリ　　：トムさんは日本語がわかりますか。

トム　　：はい、すこしわかります。

エリ　　：トムさんは日本語をどのくらい勉強しましたか。

トム　　：1年6か月勉強しました。エリさんは。

エリ　　：1年2か月勉強しました。

トム　　：えっ、エリさんは私より日本語が上手ですね。

エリ　　：いいえ、上手じゃありません。下手ですよ。

トム　　：エリさんは日本人の先生に習いましたか。

エリ　　：いいえ、韓国人の先生に<ruby>習<rt>なら</rt></ruby>いました。

トム　　：あ、そうですか。<ruby>一週間<rt>いっしゅうかん</rt></ruby>に<ruby>何回<rt>なんかい</rt></ruby>習いましたか。

エリ　　：3<ruby>回<rt>かい</rt></ruby>ならいました。

　　　　　トムさんは日本人の先生に習いましたか。

トム　　：はい、田中先生に習いました。

　　　　　田中先生は<ruby>文化史<rt>ぶん か し</rt></ruby>も<ruby>教<rt>おし</rt></ruby>えますよ。

エリ　　：あ、そうですか。

＊ **留学生　ラウンジ**

❶ わたしは5週間日本語を勉強しました。

　　　　　6か月

　　　　　1年ぐらい

　　あなたはどのくらい　　…　　か。

❷ わたしの国から韓国まで飛行機で1時間かかります。

　　　　　　　　　　　　　3時間半

　　　　　　　　　　　　　5時間

　　あなた　　　　　　　　どのくらい　…　か。

❸ 一週間に一回映画を見ます。

　一か月　二回

　一年　　五回

　…　　何回　　…　　か。

❹ 一日に五時間日本語を勉強します。

　　　三回彼女に電話をかけます。

　　　二時間英語を習います。

　どのくらい勉強しますか。

❺ このビデオはおもしろいです。　　あれはあまり面白くないビデオです

　　ボイスレコーダ　高い　　　　　　高くないボイスレコーダ

　　テント　　　　　簡便　　　　　　簡便じゃないテント

　田中さんは京都へ行きません。　京都へ行かない人は田中さんです。

❻ ジョンさんは日本語がわかります。

　　　　　漢字

　　　　　カタカナ

　　　　　フランス語　…　か。

❼ はい、よくわかります。

　　　　すこし

　　いいえ、あまりわかりません。

　　　　ぜんぜんわかりません。

❽ 木村さんは田中さんに花をあげます。

　田中さん　木村さん　　　　もらいます。

❾ 田中：　エリさんのスカーフはきれいですね。

　エリ：ええ、このスカーフは私の誕生日に兄にもらいました。

　田中：エリさんはお兄さんの誕生日に何をあげましたか。

　エリ：すてきなネクタイをあげました。

　田中：あ、そうですか。

❿ エリ：あしたはクリスマスです。私は家族にプレゼントをあげます。

　　　　田中さんもプレゼントをあげますか。

　田中：はい、わたしもあげます。

　エリ：お兄さんにあげますか、お姉さんにあげますか。誰にあげますか。

　田中：わたしは恋人にあげます。

　エリ：あ、そうですか…。

⓫ Ａ　今、何時ですか。

　Ｂ　えっ、もう8時45分ですね。

　Ａ　じゃ、時間がありませんから、タクシーで行きましょう。

⓬ Ａ　あした①運動場で何がありますか。

　Ｂ　②テニスの試合があります。

　Ａ　③長いベンチはどこにありますか。

　Ｂ　①運動場にあります。

　| 例：① 運動場　　② テニスの試合　　③ 長いベンチ |

　(1) ① 教室　　　　　　② 臨時会議　　③ 新しいパソコン
　(2) ① 学生会館の一階　② パーティー　③ 食堂

⓭ 田中：もしもし、キムさんですか。田中です。こんばんは。

　キム：ああ、こんばんは。お元気ですか。

　田中：はい、げんきです。

　　　　来週、寮で松本さんの誕生日のパーティーがありますね。

　　　　キムさんも行きますか。

　キム：はい、行きます。

田中：何時頃行きますか。

キム：四時頃行きます。

田中：キムさんの家から寮まで車でどのくらいかかりますか。

キム：二十五分ぐらいかかります。

田中：あ、そうですか。じゃ、いっしょに行きましょう。

キム：はい、では、どこで会いますか。

田中：わたしがキムさんの家へ迎えに行きます。

キム：あ、そうですか。どうも。

田中：では、来週会いましょう。
　　　お元気で。さようなら。

キム：田中さんもお元気で。さようなら。

① ワンさんの家

② ソウルレストラン

⑭ 山本　：真理子さん、こんにちは。

真理子：あ、こんにちは。

山本　：たくさん買いましたね。
　　　　何を買いましたか。

真理子：本を買いました。

山本　：真理子さんはよく本を読みますね。

真理子：ええ、一週間に十五冊ぐらい読みます。

山本　：えっ、偉いですね。
　　　　どんな本を読みますか。

真理子：あのう、漫画の本です。

山本　：えっ、そうですか。　やはり…。

1. 例のように( )の中に適当な言葉を書きなさい。

> 例
> 木村さんは田中さんにネクタイを(あげます)。
> →田中さんは木村さんにネクタイを(もらいます)。

① 金さんは今村さんからプレゼントを(　　　　)。

　→ 今村さんは金さんにプレゼントをあげます。

② きのうエリさんはジョンさんに花を(　　　　)。

　→ きのうジョンさんはエリさんに花をあげました。

③ A　あしたは田中さんの誕生日ですね。

　B：あなたは田中さんに何を(　　　　)。

④ きのうは私の誕生日でした。友達に携帯電話を(　　　　)。

⑤ A：去年、ジョンさんの誕生日にあなたはジョンさんに何を(　　　　)。

　B：私はジョンさんに時計を(　　　　)。

2. 例のように< >の中から適当な言葉を選んで答えを書きなさい。

> 例
> Ⓐ バスで(どのくらい)かかりますか。
> Ⓑ 1時間半くらいかかります。
> 　< だれ、どのくらい、どうして、何、いつ、どれ、どこ >

① A：あの背が高くて、きれいな人は(　　　　)ですか。
　B：田中さんの奥さんです。

② A：一週間に(　　　)回映画を見ますか。
　B：五回見ます。

③ A：あなたの国から韓国まで飛行機で(　　　　)かかりますか。
　B：二時間半くらいかかります。

④ A：(　　　)まで韓国にいますか。
　B：来年の春までいます。

⑤ A：(　　　)へ遊びに行きますか。
　B：京都へ行きます。

⑥ A：京都へ（　　　）で行きますか。

　　B：電車で行きます。

⑦ A：（　　　）と行きますか。

　　B：田中さんといっしょに行きます。

⑧ A：あなたのCDはこの青いのですか、この赤いのですか。（　　　）ですか。

　　B：その青いCDが私のです。

⑨ A：（　　　）いっしょに行きませんか。

　　B：仕事がたくさんありますから。

3. （　）の中にひらがなを一つ書きなさい。

> 例
> Ａ 釜山へ何（で）行きますか。
> Ｂ 高速バス（で）行きます。

① A：私は来週イタリアへ行きます。

　　B：あなたはイタリア語（　　）わかりますか。

② 日本へ友達といっしょに飛行機（　　）行きます。

③ 何をし（　　）行きますか。

④ これ（　　）これと、どちらが安いですか。

⑤ エリさんは田中さん（　　）花をあげました。

⑥ A： いつまで日本（　　）いますか。

　　B：来年までいます。

⑦ A：あした市民会館（　　）何がありますか。

　　B：講演会があります。

4. ＜　＞の中から適当な言葉を選んで（　）の中に入れて文を完成しなさい。

　　＜だれ、どう、どこ、どんな、何、に、あげます、あげました、もらいます、もらいました＞

　山田：（　①　）へ行きますか。

　松岡：ソウルデパートへ行きます。

　山田：（　②　）をし（　③　）いきますか。

　松岡：誕生日のプレゼントを買い（　④　）行きます。

山田　：　あ、そうですか。

　　　　　（　⑤　）の誕生日ですか。

松岡　：　友達のエリさんの誕生日です。

山田　：　あ、そうですか。

　　　　　じゃ一緒にプレゼントをあげましょうか。

松岡　：　ええ、いいですね。

山田　：　去年、エリさんに（　⑥　）プレゼントをあげましたか。

松岡　：　可愛いスカーフを（　⑦　）。

　　　　　私の誕生日にはエリさんから財布を（　⑧　）。

山田　：　じゃ　今年の誕生日のプレゼントはきれいなかばんが（　⑨　）ですか。

松岡　：　あ、いいですね。

山田　：　じゃ、かばん売り場へ行きましょう。

16 日本語でEメールを書いてください。

文型

A：住所と名前をどこに書きますか。

B：ここに書いてください。

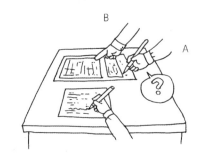

今、キムさんも住所を書いています。

A　：もう書きましたか。

キム：いいえ、まだです。

今、説明を聞きながら書いています。

B：ここにEメールアドレスも書いてください。

A：はい、わかりました。

A：時間がありませんから、急いでください。

B：ちょっと待ってください。すぐ行きます。

A：今何をしていますか。

B：友達にEメールを送っています。

A：じゃ、また後で来ます。

168

Ａ：あした何をしますか。

Ｂ：京都へ行って、友達といっしょにお寺を見物します。

Ａ：暑いですね。窓を開けましょうか。

Ｂ：はい、少し開けてください。

ジョン：すみませんが、この漢字の読み方を教えてください。

田中　：　はい、これは風鈴「ふうりん」です。

金　　：ジョンさん、あれが風鈴です。

ジョン：あ、風鈴が鳴ります。

　　　　きれいな音ですね。

松岡：私は日本語でＥメールを書きます。

　　　あなたも日本語で書きますか。

メリ：いいえ、私は英語で書きますよ。

松岡：じゃ、私にＥメールを送る時は、日本語で書いてください。

メリ：はい、わかりました。

ぶんけい 文型チェック

▶ 動詞 **て形**(連用形)

動詞	基本形	て形	例
5段	かく、およぐ‥ あう‥ まつ‥ のる‥ はなす‥ しぬ あそぶ‥ よむ‥	く、ぐ→**いて**、**いで** う つ→**って** る す→**して** ぬ ぶ→**んで** む	書く—かいて、泳ぐ—およいで‥ 買う—かって、会う—あって‥ 待つ—まって、持つ—もって‥ 作る—つくって、乗る—のって‥ 話す—はなして、出す—だして‥ 死ぬ—しんで、 遊ぶ—あそんで、‥ 読む—よんで、‥
上 下 一段	おきる‥ たべる‥	る→**て**	起きる—おきて、見る—みて‥ 食べる—たべて、寝る—ねて‥
か変格	**くる**	くる→**きて**	来る—きて
さ変格	**する**	する→**して**	する—して

＊ 行く—5段 いいて(×) →いって (○)

▶ 動詞**て形**+**ください** : 指示、勧誘、依頼 表現

A これをどこに置きましょうか

B あのテーブルの上においてください。

▶ 動詞**て形**+ **います**(いる) : 動作의 進行、状態를 나타낸다.

A 私は今レポートを万年筆で書いています。

あなたも万年筆で書いていますか。

B いいえ、私は黒いボールペンで書いています。

A 庭にきれいな花が咲いていますね。

あの花の名前は何ですか。

B ええ、あのきれいな花は百合です。

* 時制 :

食べに行きます。　　　　今、食べています。　　　　もう食べました。
↓　　　　　　　　　　　　↓　　　　　　　　　　　　↓

連続하는 두 개 以上의 動作 表現 :
　　　　　毎朝6時に起き**て**、公園を散歩し**て**、新聞を読みます。

A　学校へ何で行きますか。

B　バスと地下鉄で行きます。

　（ ○ 地下鉄に乗ります。

　　○ ソウル駅でバスに乗り換えます。

　　○ 学校の前で降ります。）

　→地下鉄に乗って、ソウル駅でバスに乗り換えて、学校の前で降ります。

　　あなたは何で行きますか。

A　私は歩いていきます。

B　学校までどのくらいかかりますか。

A　10分ぐらいかかります。

B　あ、そうですか。家から学校まで近いですね。

A　あした何をしますか。

B　神戸へ行きます。

　友達に会います。

　教育センターを見学します。

　→神戸へ行って、友達にあって、教育センターを見学します。

A　きのう図書館で何をしましたか。

B 本を読みました。

参考文献をコピーしました。

→本を読んで、参考文献をコピーしました。

▶ 動詞て形＋から〜 動詞 :
動作의 순서, 行為의 時間的인 前後関係를 強調하며 意識的으로 나타낸다.

A あなたは友達と遊んでから、宿題をしますか。

B いいえ、私はいつも宿題をしてから、友達と遊びます。

A ちょっと待ってください。

B シャワーを浴びてから、プールに入ってください。

A 私はいつも歯を磨いてから、寝ます。

B わたしも寝る前に必ず歯を磨きます。

▶ 連続하는 두 개의 同時動作 表現 : **ます形＋ながら**〜動詞

A 何をしていますか。

B 音楽を聞きながら、絵を描いています。

▶ 動詞 **ます形** ＋ **方** ― 動詞의 方法, 方式을 나타낸다.

A 漢字は難しいですね。この漢字の**読み方**を教えてください。

B はい、これは〔非常口〕**ひじょうぐち**です。

〔非常口〕

172

田中 ： 金さん、おはようございます。

金 ： あ、おはようございます。

田中 ： 会議を始めましょうか。

あれ、マリアさんと山田さんがいませんね。

金 ： マリアさんは今、資料をコピーしています。

田中 ： あ、そうですか。山田さんは何をしていますか。

金 ： 山田さんはアメリカにファックスを送っています。

田中 ： エリさんは。

金 ： ロビーで友達と話しています。

田中 ： えっ、今何時ですか。

金 ： 9時20分前です。

田中 ： あ、そうですか。ちょっと早いですね。

金 ： はい、会議は9時からですよ。

田中 ： 金さん、ここに金さんのEメールアドレスを書いてください。

金 ： はい、わかりました。

すみませんが、ちょっとボールペンを貸してください。

田中 ： はい、どうぞ。

金 ： 田中さんは友達によくEメールを送りますか。

田中 ： はい、よく送りますよ。 速くて便利ですから。

もう書きましたか。

金 ： はい、これです。私のEメールアドレスです。

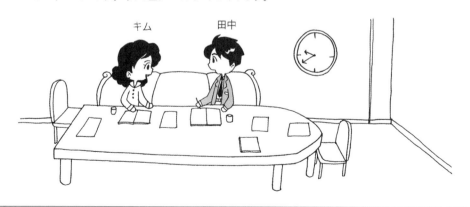

❶ ご飯を<ruby>食<rt>た</rt></ruby>べています。
<ruby>手紙<rt>てがみ</rt></ruby>　　<ruby>読<rt>よ</rt></ruby>んで
レポート　<ruby>書<rt>か</rt></ruby>いて
<ruby>写真<rt>しゃしん</rt></ruby>　　<ruby>撮<rt>と</rt></ruby>って
なに　　　して　…　か。

❷ <ruby>食堂<rt>しょくどう</rt></ruby>で<ruby>昼<rt>ひる</rt></ruby>ごはんを<ruby>食<rt>た</rt></ruby>べています。
　<ruby>図書室<rt>としょしつ</rt></ruby>　レポート　<ruby>書<rt>か</rt></ruby>いて
　<ruby>公園<rt>こうえん</rt></ruby>　　<ruby>写真<rt>しゃしん</rt></ruby>　　<ruby>撮<rt>と</rt></ruby>って
　<ruby>駅<rt>えき</rt></ruby>の<ruby>前<rt>まえ</rt></ruby>　<ruby>友達<rt>ともだち</rt></ruby>　<ruby>待<rt>ま</rt></ruby>って
　どこ　　　<ruby>何<rt>なに</rt></ruby>　　して　…　か。

❸ <ruby>例<rt>れい</rt></ruby>：ドアを<ruby>閉<rt>し</rt></ruby>めます。 → すみませんが、ドアをしめてください。

① もう<ruby>少<rt>すこ</rt></ruby>しゆっくり<ruby>話<rt>はな</rt></ruby>します。

　→

② エアコンをつけます。

　→

③ <ruby>写真<rt>しゃしん</rt></ruby>をもう<ruby>一枚<rt>いちまい</rt></ruby><ruby>撮<rt>と</rt></ruby>ります。

　→

④ Eメールアドレスも<ruby>書<rt>か</rt></ruby>きます。

　→

⑤ <ruby>窓<rt>まど</rt></ruby>を<ruby>開<rt>あ</rt></ruby>けます

　→

❹ <ruby>例<rt>れい</rt></ruby>：A：<ruby>今<rt>いま</rt></ruby><ruby>何<rt>なに</rt></ruby>をしていますか。
　　　B：<ruby>新聞<rt>しんぶん</rt></ruby>を<ruby>読<rt>よ</rt></ruby>み**ながら**、<ruby>朝<rt>あさ</rt></ruby>ご<ruby>飯<rt>はん</rt></ruby>を<ruby>食<rt>た</rt></ruby>べ**ています**。
<ruby>例<rt>れい</rt></ruby>：<ruby>新聞<rt>しんぶん</rt></ruby>を<ruby>読<rt>よ</rt></ruby>む・<ruby>朝<rt>あさ</rt></ruby>ご<ruby>飯<rt>はん</rt></ruby>を<ruby>食<rt>た</rt></ruby>べる

① <ruby>音楽<rt>おんがく</rt></ruby>を<ruby>聞<rt>き</rt></ruby>く・<ruby>茶碗<rt>ちゃわん</rt></ruby>を<ruby>洗<rt>あら</rt></ruby>う
② お<ruby>茶<rt>ちゃ</rt></ruby>を<ruby>飲<rt>の</rt></ruby>む・<ruby>友達<rt>ともだち</rt></ruby>と<ruby>話<rt>はな</rt></ruby>す
③ <ruby>歌<rt>うた</rt></ruby>を<ruby>歌<rt>うた</rt></ruby>う・ワープロを<ruby>打<rt>う</rt></ruby>つ
④ <ruby>写真<rt>しゃしん</rt></ruby>を<ruby>見<rt>み</rt></ruby>せる・<ruby>説明<rt>せつめい</rt></ruby>をする
⑤ ケーキを<ruby>食<rt>た</rt></ruby>べる・ビデオをみる

❺ あした京都へ行って、友達にあって、お寺を見物します。

きのう　　　　‥　　　　‥　　　　‥　　　　しました。

毎日 6時ごろ起きて、散歩して、朝ごはんを食べます。

❻ Ａ 昨夕何をしましたか。
　 Ｂ 夏目漱石の『三四郎』を読みました。

　　　 そして、レポートを書きました。

　　　 それから、音楽を聞きながら寝ました。
→ 夏目漱石の小説を読んで、レポートを書きました。

　　　 それから音楽を聞きながら寝ました。

❼ Ａ きのうテレビをみましたか。
　 Ｂ はい、見ました。レポートを書いてから見ましたよ。

　　 例：テレビ・レポートを書く

① 映画・日本語の勉強をする

❽ エリ：松岡さん、すみませんが、この漢字の書き方を教えてください。
　 松岡：はい、じゃ、見てください。

　　　　　　　　　　　　‥‥‥‥

　 エリ：あ、わかりました。どうもありがとうございます。
　 松岡：いいえ、どういたしまして。

① この料理の作り方
② バットの持ち方
③ コインランドリーの使い方
④ タイプの打ち方
⑤ ホームページの作り方

❾ Ａ 今週の土曜日どこかへ行きますか。
　 Ｂ いいえ、仕事がありますから、どこへも行きません。

　 Ａ 毎日テレビを見ますか。
　 Ｂ いいえ、時間がありませんから、あまり見ません。

⑩ 例：時間がありません。 急ぎます。
　　→ 時間がありませんから、急いでください。

① 今、忙しいです。 あとで来ます。
② ワードの使い方がわかりません。教えます。
③ もう9時です。教室に入ります。
④ 毎朝試験があります。 毎日勉強します。
⑤ うるさいです。ラジオを消します。

⑪ A 今映画を見に行きますか。
　　B いいえ、授業が終ってから、視聴覚室で映画を見ます。

　＊ A 今友達の家へ行きますか。
　　　B いいえ、電話をかけてから、友達の家へ行きます。

⑫ A 朝から泳ぎに行きますか。
　　B いいえ、 仕事が終ってから、プールへ泳ぎに行きます。

　＊歯を磨いてから、寝てください。

⑬ A エリさんは毎日何時に起きますか。
　　B 6時に起きます。
　　A それから何をしますか。
　　B シャワーを浴びます。
　　A それから?
　　B 朝ごはんを食べます。
　　A そうですか。
　　　エリさんは毎朝6時に起きて、シャワーを浴びて、
　　　朝ごはんを食べますね。

⑭ A 救急車を呼びましょうか。
　　B はい、呼んでください。
　　　（救急車を呼ぶ）

① （傘を貸す）
② （荷物を持つ）

かわいそうですね。

③ (Eメールアドレスを書く)
④ (窓を閉める)

⑮ A きのう図書館で何をしましたか。
B 書庫に入って、資料を探して、参考文献をコピーしました。

⑯ A 学校へ何で行きますか。
B 地下鉄とバスで行きます。
A じゃ、どう(どうやって)行きますか。
B 地下鉄に乗って、ソウル駅でバスに乗り換えて、学校の前で降ります。

⑰ 田中 ： 私は韓国語でEメールを書きます。
　　　　　あなたも韓国語で書きますか。
メリ ： いいえ、私は韓国語がわかりませんから、英語で書きます。
　　　　　私も韓国語でEメールを書きたいですね。

1. 例のように文を作りなさい。

> | 例 | 朝ご飯を食べる
→ あさごはんをたべています |

① 先生に手紙を書く。

　→

② 友達とホームページを作る。

　→

③ 電車に乗る。

　→

④ 小さいはさみで紙を切る。

　→

⑤ 面白い映画を見る。

　→

⑥ 弟と図書館で本を読む。

　→

⑦ 弟はあの広くてきれいな部屋で寝る。

　→

⑧ 二階の読書室で本を読む。

　→

⑨ 速くて立派な飛行機が飛ぶ。

　→

⑩ 喫茶店で高校の友達に会う。

　→

⑪ 田中さんの子犬は靴の臭いを嗅ぐ。

　→

⑫ エリさんは駅の前でお父さんを待つ。

　→

⑬ 木村さんは先生に英語を習う。

　→

⑭ 松岡先生はカタカナを教える。

　→

⑮ 今、雨が降る。

　　→

2. 例のように_____に（　）の言葉を使って文を作りなさい。

> **例**
> 　Ａ　書類を(送る)おくりましょうか。
> 　Ｂ　はい、そくたつでおくってください。(速達)

① Ａ：荷物を(持つ)___ましょうか。

　　Ｂ：はい、_____。(一つ)

② Ａ：あした電話を(かける)_____ましょうか。

　　Ｂ：はい、_____。(9時ごろ)

③ Ａ：あした手伝いに(来る)___ましょうか。

　　Ｂ：はい、_____。(3時半ごろ)

④ Ａ：Ｅメールアドレスを(書く)_____ましょうか。

　　Ｂ：はい、_____。(この紙)

⑤ Ａ：細かいお金を(貸す)_____ましょうか。

　　Ｂ：はい、_____。(350円)

3. 例のように_____に（　）の言葉を適当な形にして答えなさい。

> **例**
> 　Ａ　今ちょっと(話す) はなしましょうか。
> 　Ｂ　すみませんが、 今ご飯を(食べる)たべていますから、
> 　　　後で(来る)きてください。

① 時間がありませんから、(急ぐ)_____ください。

② Ａ：あした教育センターへ何を(する)_____にいきますか。

　　Ｂ：資料を(調べる)_____に行きます。

③ Ａ：きのう京都へ(行く)_____、何をしましたか。

　　Ｂ：お寺を(見物する)_____、お土産を(買う)_____ました。

④ レポートを(書く)_____から、友達と遊びます。

⑤ エリさんは今何を(する)_____いますか。

⑥ ご飯を(食べる)_____ながらテレビを(見る)_____います。

⑦ Ａ：もう遅いですね。タクシーを(呼ぶ)_____ましょうか。

　　Ｂ：はい、(呼ぶ)_____ください。

研修はどうでしたか。

生活日本語

文型

A：研修はどうでしたか。
B：研修は面白かったです。

春の大阪城

A：パーティーはどうでしたか。
B：にぎやかでおもしろかったです。

A：大阪へ行って、何をしましたか。
B：大阪城を見物して、お土産を買いました。

沖縄の海辺

A：沖縄は寒かったですか。
B：いいえ、寒くありませんでした。
　　暖かかったです。

神戸異人館　　　　UROKOの家

A：神戸のどこがよかったですか。
B：異人館がいちばんよかったです。

文型チェック

▶ い形容詞・な形容詞(形容動詞)의 活用

		い形容詞	な形容詞
現在	**肯定**	楽しいです	きれいです
	否定	楽しくありません 楽しくないです	きれいでは(じゃ)ありません きれいでは(じゃ)ないです
過去	**肯定**	楽しかったです	きれいでした
	否定	楽しくありませんでした 楽しくなかったです	きれいでは(じゃ)ありませんでした きれいでは(じゃ)なかったです

* いいです。(よい) ― よかったです(○)　　いかったです(×)

　　　　　　　　　　よくありません(○)　　いくありません(×)

田村：山田さん、パーティーはどうでしたか。
山田：とても楽しいでした。(×)→ とても楽しかったです。(○)

村上：きのうデパートで好きな歌手のレコードを二枚買いました。

金　：どうでしたか。

村上：とてもよかったです。

▶ 授受表現

〜は/が 〜に 〜をさしあげる　きのう金先生に花をさしあげました。

　　　　　　　　あげる　きのう田中さんに花をあげました。

　　　　　　　　やる　友達にも…

　　　　　　　妹と子供に絵本をあげ(やり)ました。
　　　　　　　毎朝、植木鉢に水をやります。

金先生

田中

友達

~ に/から ～をいただく
        もらう

坂本先生

私は坂本先生に本をいただきました。

私の誕生日に友達と妹に花をもらいました。

~ が～に～をくださる
        くれる

竹白先生

竹白先生が私に画集をくださいました。

妹が私にプレゼントをくれました。

▶ 用言의 連体形과 中止法의 用例

A この白いネクタイはいくらですか。

B 5千円です。

A あのきれいな人は誰ですか。

B エリさんです。

A あした京都へ行く人は何人ですか。

B 3人です。

A 今読んでいる本は何ですか。

B 夏目漱石の『吾輩は猫である』です。

A 小説ですか。

B はい、とても面白い小説です。

吾輩は猫である

A 和食が好きな人と、洋食が好きな人と、どちらが多いですか。

B 和食が好きな人が多いです。

田中：昨日どこへ行きましたか。

金　：京都へ行って、資料館で参考文献をコピーしました。

田中：京都はどうでしたか。

金　：きれいで静かな都市でした。

松岡：エリさん、漢字はどうですか。

エリ：漢字は難しくて、よくわかりません。

松岡：あのデパートはどうですか。

エリ：不親切で、不便です。

A　キムチが食べたいです。

B　どんなキムチが好きですか。

A　あまり辛くないキムチが好きです。

B　わたしは辛いキムチが好きですよ。

田中：庭に咲いているあの花の名前は何ですか。

今村：あ、あの綺麗な花は百合です。

A　あなたはどんな練習をしますか。

B　私は新しい漢字を十回ずつ書いて、練習します。

努力、努力、努力、努力、努力、　努力、努力、努力、努力、努力。
準備、準備、準備、準備、準備、…

山田 ：キムさん、おはようございます。

金 ：あ、おはようございます。

山田 ：旅行はどうでしたか。

金 ：楽しかったですが、ちょっと疲れました。

山田 ：どこへ行きましたか。

金 ：京都へ行きました。

山田 ：京都のどこがよかったですか。

金 ：御所と清水寺がよかったです。

山田 ：どうでしたか。

金 ：静かできれいでした。

山田 ：天気はどうでしたか。

金 ：すこし寒かったですが、とてもいい天気でした。

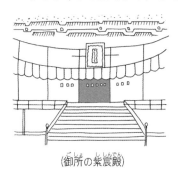

(御所の紫宸殿)　　　　　　(清水寺本堂舞台)

＊　　　　＊　　　　＊

山田 ：関空(関西国際空港)から京都まで何で行きましたか。

金 ：空港バスで行きました。

山田 ：空港バスでどのくらいかかりましたか。

金 ：1時間半ぐらいかかりました。

山田 ：京都までいくらですか。

金 ：2300円です。

❶ きのうは祝日でした。
　　　暇でした。
　　　涼しかったです。
　　　休みました。

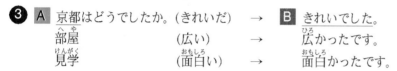

❷ 去年の冬・暖かい　　→　去年の冬は暖かかったです。
　　先月・忙しい　　　→　先月　　　忙しかったです。
　　お祭り・楽しい　　→　お祭り　　楽しかったです。

❸ A 京都はどうでしたか。(きれいだ)　→　B きれいでした。
　　　部屋　　　　　　　(広い)　　　→　　広かったです。
　　　見学　　　　　　　(面白い)　　→　　面白かったです。

❹ A 映画は面白かったですか。　　　→　B いいえ、面白くありませんでした。
　　　研修　　　　…　　　　(はい)　→
　　　見学　楽しかったですか。(いいえ)→
　　　実習　　　　…　　　　(はい)　→
　　　テスト　難しかったですか(いいえ)→

❺ A パーティーはどうでしたか。
　　B とても楽しかったです。
　　A 何時間ぐらいパーティーをしましたか。
　　B 7時から9時まで2時間ぐらいしました。

　　例：パーティー・楽しい・パーティー・7時～9時・2時間

　　① 宿題・むずかしい・宿題・3時～6時・3時間
　　② 仕事・いそがしい・仕事・1時～7時・6時間
　　③ 見学・楽しい・見学・1時～3時半　・2時間半

❻ A ソウルまで高速バスでどのぐらいかかりますか。
　　B 5時間ぐらいかかります。

　　① 京都・電車・1時間
　　② 済洲(ジェジュ)・船・7時間

③ 京橋・地下鉄・15分
④ パリ・飛行機・12時間

7 Ａ 東京から大阪まで飛行機でいくらぐらいかかりますか。
Ｂ 18,500円ぐらいかかります。

例：東京・大阪・飛行機・18,500円

① 京橋・京都・電車・460円
② ソウル・釜山・高速バス・25,500ウォン
③ 釜山(ブサン)・下関・船・75,000ウォン

釜山→下関

8 Ａ きょうは寒いです。きのうも寒かったです。
Ｂ おとといも寒かったですか。
Ａ いいえ、おとといはあまり寒くなかったです。

例：きょう・寒い・きのう・おととい

① きょう・暑い・きのう・おととい
② 今年・忙しい・去年・一昨年
③ 今週のレポート・むずかしい・先週のレポート・先先週のレポート
④ こんげつ・楽しい・先月・先先月

9 例：きのうのテスト(すこし)(易しい・難しい)

Ａ きのうのテストは易しかったですか、難しかったですか。
　　どうでしたか。
Ｂ すこし易しかったです。

① 昨日のレポート (とても) (むずかしい・やさしい)
② 昨夕 (すこし) (さむい・あたたかい)
③ 先週のパーティー (とても) (おもしろい・つまらない)
④ 去年の休暇 (すこし) (みじかい・ながい)

10 Ａ パーティーはどうでしたか。　Ｂ にぎやかで面白かったです。
　　食べ物　　　　　　　　　　　　安くておいしかったです。
　　研修　　　　　　　　　　　　　面白くて楽しかったです。

⓫ (写真・3枚)

A この箱の中に**写真**がどのくらいありますか。

B **3枚**あります。

(うさぎ・三匹)

A この箱の中に**うさぎ**がどのくらいいますか。

B **3匹**います。

① (日本語の雑誌・5冊) (犬・2匹)
② (赤いサインペン・2本) (猫・1匹)
③ (日本の切手・6枚) (ひよこ・3匹)
④ (靴・3足) (リス・4匹)

⓬ **A** あのタブレットパソコンはどうですか。　**B** 便利ですが、高いです。

田中さん　　　　　　　　　　　　　　　　　面白いですが、ちょっとうるさいです。
日本語の勉強　　　　　　　　　　　　　　　むずかしいですが、面白いです。
東京　　　　　　　　　　　　　　　　　　　面白いですが、物価が高いです。
実習　　　　　　　　　　　　　　　　　　　難しいですが、面白いです。
あの店の 寿司はどうですか。　　　　　　　おいしいですが、高いです。

⓭ **A** 研修はどうでしたか。　　　　　　　　**B** 面白くて楽しかったです。

部屋　　　　　　　　　　　　　　　　　　　きれいで広かったです。
ホテル　　　　　　　　　　　　　　　　　　新しくてきれいでした。
国際空港　　　　　　　　　　　　　　　　　遠くて不便でした。
食べ物　　　　　　　　　　　　　　　　　　安くて美味しかったです。
旅行　　　　　　　　　　　　　　　　　　　楽しかったですが、すこし疲れました。

⓮ **A** きのう図書館で何をしましたか。

B 書庫に入って、資料を探して、参考文献をコピーしました。

> 例：図書館・書庫に入る・資料を探す・参考文献をコピーする

① 京都・友達に会う・お寺を見物する・懐石料理を食べる
② ソウル・買い物をする・映画を見る・韓国料理を食べる

1. 例のように( )の言葉を使って、質問に答えなさい。

> 例
>
> A 食べ物はどうでしたか。
> B （おいしい）おいしかったです。
> （おいしい、すこし高い）おいしかったですが、すこしたかかったです。
> （おいしい、新鮮だ）おいしくてしんせんでした。

① A：試験はどうでしたか。

B：（難しい）

② A：あの店の寿司はどうですか。

B：（おいしい、すこし高い）

③ A：先週はどうでしたか。

B：（とても忙しい）

④ A：研修はどうでしたか。

B：（面白い、楽しい）

⑤ A：京都はどうでしたか。

B：（静かだ、綺麗だ）

⑥ A：旅行はどうでしたか。

B：（楽しい、すこし疲れる）

⑦ A：誕生日のパーティーはどうでしたか。

B：（賑やかだ、楽しい）

2. 例のように( )の中の言葉を使って、答えなさい。

> 例
>
> A 旅行は楽しかったですか。：
> B （はい、とても）はい、とてもたのしかったです。
> （いいえ、あまり）いいえ、あまりたのしくありませんでした。

① A：昨日友達に会って楽しかったですか。

B：（はい、とても）

② A：このビデオは面白かったですか。

B：（いいえ、全然）

③ A：そのパソコンも安かったですか。

Ｂ：（いいえ、あまり　　　）

④ Ａ：故郷へお母さんに会いに行ってうれしかったですか。

　　Ｂ：（はい、とても　　　）

⑤ Ａ：パーティーは賑やかでしたか。

　　Ｂ：（いいえ、あまり　　　）

3. 例のように<　　>の中から言葉を選んで、適当な形にして書きなさい。

> 田中：先生がその本を(くださいましたか)。
> エリ：いいえ、この本は兄が(くれました)。
> 　　　いいえ、これは兄に(もらいました)。
> 　　<　あげる、やる、いただく、もらう、くださる、くれる>

① Ａ：そのきれいでかわいいスカーフはお祖母さんがくださいましたか。

　　Ｂ：いいえ、これは妹が(　　　　　　)。

② Ａ：来年あなたは「母の日」にお母さんに何を(　　　　　)たいですか。

　　Ｂ：花とカードを(　　　　　　)。

③ Ａ：あなたは毎朝、何時ごろ植木に水を(　　　　　　)。

　　Ｂ：10時頃です。

④ Ａ：この本は友達がくれましたか。

　　Ｂ：いいえ、それは玉井先生が(　　　　　　)。

⑤ Ａ：昨日あなたの誕生日のパーティーで友達から何を(　　　　　　)。

　　Ｂ：友達が花や本やスカーフなどを(　　　　　　)。

⑥ Ａ：お父さんの誕生日にどんなプレゼントを(　　　　)たいですか。

　　Ｂ：すてきなネクタイとシンプルで軽い靴を(　　　　)たいです。

⑦ Ａ：きのう友達にこの美味しいお菓子を(　　　　)か。

　　Ｂ：はい、あげました。あ、私の可愛い子犬にも(　　　　　　)。

⑧ Ａ：この便利な道路地図を友達にもらいましたか。

　　Ｂ：いいえ、指導　先生に(　　　　　　)。

4. 例のように( )の中の言葉を適当な形にして、＿＿に書きなさい。

> 例
> A 昨日どこへ行きましたか。
> B 京都へ(行く) いって 、お寺を(見物する) けんぶつしました。

① A: きのう誰に(会う)＿＿＿＿＿＿か。

　　B: だれにも(会う)＿＿＿＿＿＿＿＿＿＿＿。

② A: あした神戸へ(行く:　　　)ないひとは何人ですか。

　　B: 三人です。

③ A: あなたは今何を(飲む)＿＿＿＿＿たいですか。

　　B: 冷たい缶コーヒが(のむ)＿＿＿＿＿＿です。

　　C: 私は何も(飲む)＿＿＿＿＿＿＿＿＿＿。

④ A: 旅行はどうでしたか。

　　B: (楽しい)＿＿＿＿＿が、すこし(疲れる)＿＿＿＿＿＿＿＿＿＿。

⑤ A: お姉さんは今何を(する)＿＿＿ていますか。

　　B: ご飯を(食べる)＿＿＿ながらテレビを(見る)＿＿ています。

⑥ A: 研修はどうでしたか。

　　B: (面白い)＿＿＿＿＿、(楽しい)＿＿＿＿＿＿＿＿＿＿＿＿＿＿。

生活日本語 SEIKATSU NIHONGO

解 答

① 私は学生です。

1. ① がくせい　② たなか　③ アメリカじん　④ かいしゃいん　⑤ フランスじん

2. ① わたしはジョンです。
　　　わたしはけんしゅうせいです。
　② 山田さんはにほんじんです。
　　　やまださんはがいこうかんです。
　③ アマニさんはタンザニアじんです。
　　　アマニさんはかいしゃいんです。
　④ ハリソンさんはイギリスじんです。
　　　ハリソンさんははいゆうです。

3. ① と　② か、です　③ か、は　④ か、も　⑤ と　⑥ か

4. ① ムン　：はじめまして。　わたしはムンです。
　　　　　　　どうぞよろしく。
　　田中　：はじめまして。わたしはたなかです。
　　　　　　　どうぞよろしく。
　② 松岡　：はじめまして。わたしはまつおかです。
　　　　　　　どうぞよろしく。
　　エリ　：はじめまして。わたしはエリです。
　　　　　　　どうぞよろしく。
　③ トム　：はじめまして。わたしはトムです。
　　　　　　　どうぞよろしく。
　　島村　：はじめまして。わたしはしまむらです。
　　　　　　　どうぞよろしく。

② あなたも韓国の学生ですか。

1. ① いいえ、わたしはかんこくのがくせいではありません。
　　　にほんのがくせいです。
　② いいえ、わたしはぎんこういんではありません。
　　　けいさつかんです。
　③ いいえ、えりさんはこくごのせんせいではありません。
　　　れきしのせんせいです。
　④ いいえ、マリさんはイギリスじんではありません。
　　　フランスじんです。

2. ① いいえ、友子さんはデザイナーじゃありません。がかです。
　② いいえ、わたしはKMのしゃいんじゃありません。MKのしゃいんです。
　③ いいえ、青木さんはかいしゃいんじゃありません。こうむいんです。
　④ いいえ、わたしはだいがくいんせいじゃありません。だいがくせいです。

3. ① はい、麻里子さんはわたしのともだちです。
　② いいえ、わたしはKMSのしゃいんではありません。
　③ はい、わたしはタイのがくせいです。
　④ いいえ、わたしはちゅうごくのがくせいではありません。

⑤ いいえ、わたしはにほんじんではありません。

4. (1) ① の　② と　③ の　④ と　⑤ の
　　(2) ① の　② も　③ の
　　(3) ① の　② は　③ の　④ の

③ **それは私の本です。**

1. ① まんねんひつではありません。ボールペンです。
　② わたしのパソコンではありません。トムさんのパソコンです。
　③ テレホンカードではありません。コピーカードです。
　④ テープレコーダーです。
　⑤ あれは田中先生のかさではありません。金せんせいのかさです。

2. ① だれ
　② どれ
　③ あれ
　④ なん
　⑤ どれ

3. ① あのひとはぎんこういんじゃありません。けいさつかんです。
　② あのくつは田中さんのじゃありません。松田さんのです。

4. ① にほんごのざっし
　② かんこくのうたのレコード
　③ せんせい
　④ 田中さん
　⑤ わたし

④ **あの人はだれですか。**

1. ① あね　② はは　③ ちち　④ おにいさん

2. ① どなた　② いもうと　③ はは　④ おとうと

3. ① あなた　② あに　③ あね　④ なん　⑤ あの　⑥ あなた

4. ① あね　② おとうと　③ そぼ　④ そふ　⑤ あに　⑥ あね

⑤ **ここは山村さんの部屋です。**

1. ① Ａ：あそこは男の学生の部屋ですか。
　　Ｂ：いいえ、あそこはおとこのがくせいのへやじゃありません。
　　　　おんなのがくせいのへやです。
　② Ａ：あそこは体育館ですか。
　　Ｂ：いいえ、あそこはたいいくかんじゃありません。りょうです。

③ Ａ：あそこは学校ですか。
　　Ｂ：いいえ、あそこはがっこうじゃありません。
　　　　こくりつとしょかんです。

2. ① Ａ：これはどこのくるまですか。
　　　Ｂ：ドイツのくるまです。
　　② Ａ：これはどこのワインですか。
　　　Ｂ：フランスのワインです。
　　③ Ａ：これはどこのカメラですか。
　　　Ｂ：にほんのカメラです。
　　④ Ａ：これはどこのテレビですか。
　　　Ｂ：かんこくのテレビです。

3. ① あのへやはがくせいのきゅうけいしつです。
　　② しょくどうはあそこです。
　　③ あのたてものはゆうびんきょくです。

4. ① あそこはきょうしつでもじむしつでもありません。
　　　きゅうけいしつです。
　　② あのひとはメリさんでもミキさんでもありません。
　　　アンナさんです。
　　③ これはレコードでもテープでもありません。
　　　シーディーです。

5. ① あそこ　② これ　③ どこ　④ あの　⑤ どなた

6. ① どちら　② なん　③ どこ　④ なん　⑤ どこ

⑥ 教室に誰がいますか。

1. ① いぬはここにいます。
　　② しんぶんはどこにありますか。
　　③ じしょはつくえのうえにあります。
　　④ 山田さんはかいぎしつにいます。
　　⑤ かばんはいすのしたにあります。

2. ① います　② あります　③ あります　④ います　⑤ あります

3. ① だれ　　② なに　　③ なに　　④ どこ　　⑤ どちら

4. ① なに　　② どこ　　③ なに　　④ どこ　　⑤ だれ

5. ① の　　　② の　　　③ に　　　④ の、に　⑤ や、や　⑥ は　　⑦ が、が

6. ① だれ、の　② に、どこ、まえ　　③ も　　④ なに　　⑤ どこ　⑥ なに、など

❼ これはいくらですか。

1. ① ごだい　② よんまい　　③ ろくにん　　④ いっそく　⑤ にほん

2. ① いくら　② いくつ　　③ どこ　　　　④ どれ　　　⑤ なんだい　⑥ だれ　⑦ どこ、いくら

3. ① ろっぴゃくえん　　　　② はちにん　　③ さんびゃくろくじゅうえん
　　④ さんぜんろっぴゃくえん　⑤ ろくせんえん

4. ① ふたり　② ひとり　　③ ひとり　　　④ ふたり　　⑤ ひとり

❽ 日本語の授業は何時からですか。

1. ① くじからです。　② はちじまでです。
　　③ くじはん(さんじっぷん)からごじはん(さんじっぷん)までです。
　　④ じゅういちじまでです。

2. ① いま、ろくじじっぷんです。
　　② いま、はちじごじゅうごふんです。(くじごふんまえです)
　　③ いま、じゅうじはんです。(じゅうじさんじっぷん)
　　④ いま、にじじゅうごふんです。

3. ① A：今日の午後は何ですか。　　　　B：けんがくです。
　　　A：何時からですか。　　　　　　B：くじはんからです。
　　② A：今日の午後は何ですか。　　　　B：けんしゅうです。
　　　A：何時からですか。　　　　　　B：さんじからです。

4. ① なんでしたか、なんじからでしたか　② なんじからですか　③ なんでしたか　④ ですか

5. ① あした　　② なんがつ　③ らいげつ　　④ らいねん　⑤ じゃ(では)ありませんでした
　　⑥ なんようび。　　　　　⑦ やすみじゃ(では)ありませんでした
　　⑧ あした　　⑨ なんじ　⑩ まで

6. ① なんにち　② どこ　　③ どれ　　　④ なん　　　⑤ なんにん

❾ Eメールは葉書より速いですか。

1. ① たかい　　② くらい　　③ みじかい　　④ かるい　　⑤ よわい　　⑥ あたらしい

2. ① せまくありません。ひろいです。　　② むずかしいです。③ やすくありません。たかいです。
　　④ ふるくありません。あたらしいです。　⑤ ふかいです。

3. ① あたらしいのです　② みじかいのです　③ しろいのです　④ まるいのです

4. ① これはやすいネクタイです。このネクタイはたかくありません。
　　② これはふるいほんです。このほんはあたらしくありません。
　　③ これはたかいくつです。このくつはやすくありません。
　　④ これはかるいかばんです。このかばんはおもくありません。

5. ① だれ　② なん　③ どこ　④ なんぞく　⑤ どれ　⑥ いつ　⑦ なんぼん　⑧ どちら　⑨ どちらも

⑩ インターネットは便利ですか。

1. ① 田中さんはまじめながくせいです。
　② あれはゆうめいなたてものです。
　③ これはべんりなじしょです。
　④ 山本さんはしんせつなせんせいです。
　⑤ これはかんべんなテントです。

2. ① いいえ、にぎやかではありません。
　② いいえ、きたなくありません。
　③ いいえ、べんりではありません。

3. ① エレガントなひとです。　② きびしいひとです。　③ まじめなひとです。　④ やさしいひとです。

4. ① どう　② どれ　③ どう　④ どこ　⑤ なん　⑥ どれ　⑦ だれ　⑧ なん　⑨ どこ　⑩ だれ

⑪ この新しいデジタルカメラは軽くて、便利です。

1. ① べんりなまちです。
　② つめたいおちゃがあります。
　③ かわいいにんぎょうがあります。
　④ げんきなこどもだちがいます。
　⑤ きれいなはなです。

2. ① エレガントで、しんせつなひとです。
　② やさしくて、まじめなひとです。
　③ げんきで、かわいいこどもです。
　④ きれいで、やさしいがくせいです。

3. ① いいえ、べんりじゃありません、ふべんです
　② いいえ、あんぜんじゃありません、あぶないです
　③ いいえ、おそくありません、はやいです
　④ いいえ、やさしくありません、むずかしいです
　⑤ いいえ、きたなくありません、きれいです

4. ① かるくて、べんりです。　② しんせつで、まじめです。
　③ あかるくて、きれいです。　④ じょうぶで、やすいです。

5. ① どう　② どんな　③どう　④ だれ　⑤ どんな　⑥ どれ

6. ①の　②い　③で　④て　⑤な　⑥で　⑦で　⑧が　⑨で　⑩が

196

⑫ 何が好きですか。

1. ① へたじゃありません。　② すきです。　③ じょうずじゃありません。　④ へたです。

2. ① な　　　　　② が　　　　　③ どんな　　　　④ なに　　　　　⑤ くて
　　⑥ と、どちら　⑦ どれ　　　　⑧ が、が、が　が　⑨ どちら，どちら
　　⑩ な、なん　　⑪ いません　　⑫ は、いません　⑬ あります

3. ① ちかてつはバスよりべんりです。
　　② いちねんではちがつがいちばんあついです。
　　③ えきのまえのぱんやはデパートよりやすいです。
　　④ にほんりょうりですしがいちばんおいしいです。
　　⑤ パソコンはワードよりたかいです。

4. ① 例：冬がいちばん好きです。…
　　② 例：親切で真面目な女性(男性)が好きです。…
　　③ 例：いいえ、やすみじゃありませんでした。…
　　④ 例：はい、ひまです。…

⑬ 私は友達にEメールを送ります。

1. ① おきますか、おきます　② たべますか、たべます　③ いきますか、いきます
　　④ ねますか、ねます　　　⑤ しますか、よみます　　⑥ きますか、きます

2. ① はたらきませんでした　② みました　　　　　　③ いきませんでした
　　④ やすみませんでした　　⑤ たべませんでした

3. ① 寝ました　② 会いましたか　③ 働きません　④ 行きましたか　⑤ 見学しますか

4. ① Ａ：なにをききますか。　　　　Ｂ：しずかなおんがくをききます。
　　② Ａ：なにをみますか。　　　　　Ｂ：おもしろいえいがをみます。
　　③ Ａ：なにをかいますか。　　　　Ｂ：おおきいごみぶくろをかいます。
　　④ Ａ：なにをたべますか。　　　　Ｂ：からいキムチをたべます。
　　⑤ Ａ：なにをおくりますか。　　　Ｂ：べんりなEメールをおくります。

5. ① なんようび　② なんじ　③ なに　④ どこ　⑤ だれ　⑥ いつ　⑦ いくら　⑧ なんじ

6. ① に　② に　　③ に　　④ を　　⑤ へ　　⑥ に　　⑦ が　　⑧ を　　⑨ も　　⑩ の

⑭ 空港へ友達を迎えに行きます。

1. ① あらいに　② とりに　　　③ あいに　　　④ むかえに　　　⑤ とりに

2. ① えをみに　② きってをかいに　③ にほんごをべんきょうしに　　　④ かぞくにあいに

3. ① どこ　　② なに　　　③ だれ　　　④ なんじ　　　⑤ いつ

4. ① A: あねをむかえにいきます。
   ② A: いいえ、ともだちといっしょにいきます。
   ③ A: あねをむかえにいきます。
   ④ A: こくさいくうこうへいきます。
   ⑤ A: あさっていきます。

5. ① あそび　　　　　　② まじめな　　　　　　③ いきましたか, いきました
   ④ たべたくありません　⑤ かるくてべんりな　　⑥ みたくありません
   ⑦ し、したい　　　　　⑧ おおくて, しずかな

6. ① 例：父に会いたいです。
   ② 例：スイスへ行きたいです。
   ③ 例：緑が多くて、きれいな公園で遊びたいです。
   ④ 例：日本語を勉強したいです。

⑮ **どのくらい日本語を勉強しましたか。**

1. ① もらいます　　　　　② もらいました　　　　　③ あげますか
   ④ もらいました　　　　⑤ あげましたか、あげました

2. ① だれ　② なん　③ どのくらい　④ いつ　⑤ どこ　⑥ なん　⑦ だれ　⑧ どれ　⑨ どうして

3. ① が　　② で　　③ に　　④ と　⑤ に　　⑥ に　　⑦ で

4. ① どこ　② なに　③ に　④ に　⑤ だれ　⑥ どんな
   ⑦ あげました　　　⑧ もらいました　　　⑨ どう

⑯ **日本語でEメールを書いてください。**

1. ① せんせいにてがみをかいています。
   ② ともだちとホームページをつくっています。
   ③ でんしゃにのっています。
   ④ ちいさいはさみでかみをきっています。
   ⑤ おもしろいえいがをみています。
   ⑥ おとうととととしょかんでほんをよんでいます。
   ⑦ おとうとはあのひろくてきれいなへやでねています。
   ⑧ にかいのどくしょしつでほんをよんでいます。
   ⑨ はやくてりっぱなひこうきがとんでいます。
   ⑩ きっさてんでこうこうのともだちにあっています。
   ⑪ 田中さんのこいぬはくつのにおいをかいでいます。
   ⑫ エリさんはえきのまえでおとうさんをまっています。
   ⑬ 木村さんはせんせいにえいごをならっています。
   ⑭ 松岡せんせいはカタカナをおしえています。
   ⑮ いま、あめがふっています。

2. ① もち、ひとつもってください。　　② かけ、くじごろかけてください。
   ③ き、さんじはんごろきてください。　④ かき、このかみにかいてください。

⑤ かし、さんびゃくごじゅうえんをかしてください。

3. ① いそいで　　② し、しらべ　　③ いって、けんぶつして、かい
　　④ かいて　　　⑤ して　　　　⑥ たべ、みて　　⑦ よび、よんで

⑰ 研修はどうでしたか。

1. ① むずかしかったです。
　　② おいしいですが、すこしたかいです。
　　③ とてもいそがしかったです。
　　④ おもしろくて、たのしかったです。
　　⑤ しずかで、きれいでした。
　　⑥ たのしかったですが、すこしつかれました。
　　⑦ にぎやかで、たのしかったです。

2. ① はい、とてもたのしかったです。
　　② いいえ、ぜんぜんおもしろくありませんでした。
　　③ いいえ、あまりやすくありませんでした。
　　④ はい、とてもうれしかったです。
　　⑤ いいえ、あまりにぎやかじゃありませんでした。

3. ① くれました
　　② あげ、あげたいです
　　③ やりますか
　　④ くださいました
　　⑤ もらいましたか、くれました
　　⑥ あげ、あげ
　　⑦ あげました、やりました
　　⑧ いただきました

4. ① あいました、あいませんでした
　　② いか(いけ)
　　③ のみ、のみたい、のみたくありません
　　④ たのしかったです、つかれました
　　⑤ し、たべ、み
　　⑥ おもしろくて、たのしかったです

김선기(金仙奇)

【略歴】
- 慶熙大学校 日語日文学科 卒業
- 日本 同志社大学大学院 碩士課程 卒業
  国語国文学専攻 文学碩士
- 日本 武庫川女子大学大学院 博士課程 卒業
  国語国文学専攻 文学博士
- 同志社大学大学院 文学研究科 客員研究員
- 現、瑞逸大学校 비즈니스日本語科 教授

【主要論文】
- 「小杉未醒 研究」(博士学位論文)
- 「夏目漱石の『三部作』論」
- 「『吾輩は猫である』論」
- 「日露戦争と『陣中詩篇』」
- 「小杉未醒의『戦の罪』에 대한 考察」
- 「夏目漱石の朝鮮体験と「名歌」」
- 「日露戦争と小杉未醒の戦争画についての考察」
- 「小杉未醒『髑髏塔の筆者』論」外 多数

개정초판 2019년 2월 28일
저자 김선기 | 발행처 제이앤씨 | 등록 제7-220호

SEIKATSU NIHONGO 生活日本語

서울시 도봉구 우이천로 353 성주빌딩 3F
TEL (02)992-3253 | FAX (02)991-1285
e-mail jncbook@hanmail.net | URL http://www.jncbms.co.kr

ISBN 979-11-5917-138-3 13730 | 정 가 12,000원